Bernhard Kathan

Wir sehen Tiere an. Essay

Im Laufe der Menschheitsgeschichte wandelte sich das Verhältnis von Mensch und Tier immer wieder – von der Selbstverständlichkeit des Tieres als Nahrungsmittel bis hin zur medialen Empörung der Jetztzeit, in der Zoodirektoren fast gelyncht werden, weil sie junge Giraffen an Löwen verfüttern.
Kathan erzählt in seinem *Grundkurs für Tierschützer und solche, die es werden wollen* auf nüchterne und deshalb brutal wirkende Weise von der Sicht des Menschen auf das Tier – mit all ihren Konsequenzen.

Bernhard Kathan, geboren 1953 in Fraxern/Vorarlberg, Kulturhistoriker, Schriftsteller und Künstler; lebt in Innsbruck. Seit Jahren Projekte im öffentlichen Raum, regelmäßige Ausstellungen (www.hiddenmuseum.net), regelmäßig Beiträge unter anderem für die *Wiener Zeitung*, zahlreiche Veröffentlichungen, bei Limbus: *Hungerkünstler* (2010), *Stille* (2012).

Bernhard Kathan

Wir sehen Tiere an

Grundkurs für Tierschützer und solche, die es werden wollen

Essay

Limbus Verlag

Die Reihe Limbus Essay wird ermöglicht durch die besondere
finanzielle Unterstützung folgender Fördergeber:
Land Tirol und Stadt Innsbruck

Bibliografische Information der Deutschen Nationalbibliothek:
Die Deutsche Nationalbibliothek verzeichnet diese Publikation
in der Deutschen Nationalbibliografie; detaillierte bibliografische
Daten sind im Internet über
http://dnb.d-nb.de abrufbar.

Druck: Finidr, s.r.o.

ISBN 978-3-99039-026-9
www.limbusverlag.at

Den kleinen Bauern gewidmet, die noch um das wechselseitige Verhältnis von Mensch und Tier wussten.
Auch den Waldohreulen, die mir an manchen Tagen sehr unfreundlich begegnen können.

„Es *könnte* geschehen, dass die übrige tierische Schöpfung sich eines Tages jene Rechte erwirbt, die ihnen allein die Hand der Tyrannei hat vorenthalten können. Die Franzosen haben bereits entdeckt, dass die Schwärze der Haut kein Grund ist, deswegen man einen Menschen ohne Rechtsbeistand der Willkür eines Folterers preisgeben dürfte. Eines Tages könnte die Einsicht entstehen, dass die Zahl der Beine, die Behaartheit der Haut oder der Abschluss des Kreuzbeins genauso unzulängliche Gründe dafür sind, ein empfindendes Wesen dem gleichen Schicksal preiszugeben. Worin sonst also könnte die unüberwindliche Grenze bestehen? Etwa in der Fähigkeit der Vernunft, oder vielleicht in der Fähigkeit der Mitteilung? Aber ein Pferd oder Hund ist, ausgewachsen, ein unvergleichlich vernünftigeres wie auch mitteilsameres Tier als ein Säugling von einem Tag oder einer Woche oder auch einem Monat. Aber angenommen, es wäre andersherum, was würde es helfen? Die Frage ist nicht: Können sie *denken*? oder: Können sie *sprechen*? sondern: Können sie *leiden*?" Ausgerechnet der Utilitarist Jeremy Bentham, der sich den Kopf darüber zerbrach, wie Gefängnisse gestaltet sein müssten, um mit einem möglichst geringen Aufwand an Personal möglichst viele Insassen zu kontrollieren, formulierte diese Kritik im Jahr der Französischen Revolution.

Bentham vermachte seinen Körper der Londoner Universität zu Studienzwecken. In seinem Testament verfügte er, dass sein Körper präpariert und als „Auto-Ikone“ in einem Holzschaukasten im University College London gezeigt werden solle. Das entbehrt nicht einer gewissen Ironie, lässt der Kasten doch an ein Diorama mit ausgestopften Tieren denken. Allerdings misslang die Mumifizierung seines Kopfes. Deshalb wurde er mit Wachs nachgebildet. Der verschrumpelte Kopf ist erhalten geblieben. Die großen Glasaugen lassen ihn noch grotesker erscheinen. Ursprünglich lag er wie das Haupt Johannes des Täufers auf einem Teller zu Benthams Füßen, verschwand dann aber in ein Archiv. Echt sind vor allem die Hüllen, die Kleidungsstücke und der Hut, den Bentham trug. Auch der Spazierstock. Eben dieses Spazierstocks möchte ich mich auf meiner Wanderung durch die Zeit bedienen. Ein Spazierstock gibt nicht nur Halt. Steht man sicher, so lässt sich mit ihm zeigen, auf etwas deuten. Es lassen sich auch Schläge austeilen.

Um 1800 gab es nur wenige Menschen, die Tieren Leidensfähigkeit zugestanden. Natürlich wusste jeder, der mit Tieren zu tun hatte, dass Tiere nicht anders als der Mensch Schmerzen empfinden, diesen durch Bewegungen oder Schreien Ausdruck verleihen können. Aber Leidensfähigkeit meint etwas anderes als Schmerzempfindung. Erst Leidensfähigkeit vermag das Mitgefühl anderer zu wecken. Das erste Tierschutzgesetz wurde 1822 im viktorianischen England verabschiedet. Wenngleich Kühe, Schweine, Stierkälber, Ochsen, Schafe und anderes Vieh Erwähnung fanden, so stand das Pferd im Mittelpunkt. Hunden, Katzen oder anderen Tieren wurde keine Beachtung geschenkt. Als einer der Abgeordneten vorschlug, auch Esel unter Schutz zu stellen, soll große Heiterkeit ausgebrochen sein. Und als ein anderer Abgeordneter einwarf, bald würde wohl auch noch ein Gesetz für Hunde erlassen werden, soll das noch heftigeres Gelächter zur Folge gehabt haben. Das Engagement der ersten Tierschutzvereine galt dem Pferd. In wie vielen Geschichten des neunzehnten Jahrhunderts wird nicht das traurige Schicksal der Zugpferde beklagt, die von Fuhrmännern geschunden, geschlagen und getreten werden, die unter der Last des Karrens zusammenbrechen, um dann wieder mit Schlägen und Fußtritten zum Aufstehen gebracht zu werden.

In Dostojewskis *Raskolnikows Traum* spannt ein Betrunkener eine leichte Stute vor einen viel zu schweren Wagen, obwohl sie nicht in der Lage sein kann, diesen auch nur einen Schritt zu ziehen. Andere Betrunkene, die singend und schreiend aus einer Schenke torkeln, steigen auf den Wagen, während der Fuhrmann mit Schlägen versucht, das Pferd anzutreiben. Es gelingt nicht. Schließlich erschlägt er in seiner Wut die Stute mit einer eisernen Brechstange: „‚Papa, Papa!' ruft das Kind seinem Vater zu. ‚Papa, was tun sie da? Papa, sie schlagen das arme Pferd!' ‚Komm weg, komm weg!' antwortet der Vater. ‚Es sind Betrunkene; sie treiben Tollheiten, die Narren. Komm weg; sieh nicht hin.' […] Der Knabe läuft bei dem Pferd entlang, er läuft nach vorn; er sieht, wie es in die Augen geschlagen wird, gerade in die Augen! Er weint, das Herz will ihm brechen, die Tränen laufen ihm über die Wangen. Ein Peitschenhieb streift ihm das Gesicht, er fühlt es nicht. […] Der arme Knabe ist ganz fassungslos. Laut aufschreiend drängt er sich durch den Schwarm hindurch zu der Falben hin, umfasst ihren toten, blutigen Kopf und küsst ihn; er küsst sie auf die Augen, auf die Lefzen." Die blutunterlaufenen Augen des Fuhrmanns, die Augen der mitfühlenden Beobachter und die Augen der Stute bilden die Eckpunkte eines Bezugssystems, in welchem diejenigen, die mit den Tieren leben, um den Abstand zwischen ihnen und den Tieren wissen, während sich bei den anderen dieser Abstand verwischt.

Das immer wieder behauptete Mitfühlen mit der leidenden Kreatur hatte anderes zum Gegenstand. Dass sich die bürgerlichen Vertreter des Tierschutzgedankens gegen das Stopfen von Gänsen oder gegen die Parforcejagd wandten, ist als Ausdruck eines zunehmend selbstbewussten Bürgertums zu sehen, welches sich gegen die Privilegien des Adels zur Wehr setzte – der Adelige, der sich der Parforcejagd widme, verbrauche Ressourcen, ohne selbst etwas zu seinem Unterhalt oder für das Gemeinwohl beizutragen. Der Adelige rückt damit in die Nähe des Fuhrmanns, der auf sein Pferd eindrischt. Mag der Abstand zwischen den beiden noch so groß sein, beiden wird nicht nur fehlendes Mitgefühl, sondern auch mangelndes wirtschaftliches Verständnis zum Vorwurf gemacht: Würden Fuhrleute ihr Zugpferd schlagen, so sei dies eine Verschwendung, fügten sie doch ihren eigenen Betriebsmitteln Schaden zu, wenn sie diese nicht gar zerstörten. Nicht zufällig grenzten sich Marx und Engels im *Kommunistischen Manifest* von den „Abschaffern der Tierquälerei" ab, die wie „Philanthropen, Winkelreformer der buntscheckigsten Art" und andere den sozialistischen Gedanken für sich beansprucht hätten. Während das Bürgertum seinen Erfolg nicht zuletzt der Kontrolle der Empfindungen verdankte, entdeckte es die Empfindungsfähigkeit der Tiere. Es war allemal leichter, Mitgefühl für Pferde zu entwickeln, als anzuerkennen, dass sich der eigene Wohlstand auch jenen verdankte, deren Verhalten wie das des rohen Fuhrmanns als grausam gescholten wurde. Allerdings konnte der Fuhrmann erst in jenem Augenblick zum Inbegriff des tierquälerischen Menschen werden, als der Schienenverkehr seine Arbeit weitgehend überflüssig gemacht hatte.

Arthur Schopenhauer, Tierschützer der ersten Stunde, konnte in seiner Abhandlung *Über die Grundlage der Moral* einen englischen Tierschutzverein nicht genügend loben, der an steilen Brücken ein Gespann Pferde hielt, um dieses jedem schwer beladenen Wagen unentgeltlich vorzuspannen: „Ist das nicht schön? Erzwingt es nicht unsern Beifall, so gut wie eine Wohlthat gegen Menschen?“ Schopenhauer vermochte die schlechten Arbeitsbedingungen der Fuhrleute nicht zu sehen.

Bezeichnenderweise wusste Schopenhauer mit den Unruhen, die 1848 auch Frankfurt ergriffen, wenig anzufangen. Die Umtriebe der „Canaille“ ließen ihn um seinen Besitz fürchten, der es ihm erlaubte, sich zurückgezogen der Philosophie zu widmen. Auf die Nachricht, dass Robert Blum, der sich während des Oktoberaufstandes 1848 in Wien als Abgeordneter der Frankfurter Nationalversammlung an der Verteidigung der Stadt gegen die kaiserlich-königlichen Truppen beteiligt hatte, hingerichtet worden sei, bedauerte er die „zu große

Empfindsamkeit" des „edlen Fürsten Windischgrätz": „Blum hätte er nicht erschießen, sondern henken sollen." Bekanntlich hatte man Blum „begnadigt". Er wurde nicht unehrenhaft gehängt, er wurde erschossen.

Als Schopenhauer am 18. September 1848 in die Revolutionsunruhen geriet, gab er, um zur Identifizierung der Aufständischen beizutragen, seine Beobachtungen bei der Polizeibehörde zu Protokoll: „Einer dieser Schützen, der ein graues Kamisol anhatte und einen großen roten Bart trug, war besonders tätig …" Schopenhauer, auf sein Eigentum bedacht, überließ erfreut die Fenster seines Hauses „Schöne Aussicht Nr. 17" konterrevolutionären Soldaten, damit diese die Aufständischen unter Feuer nehmen konnten: „Aus dem ersten Stock rekognoscirt der Officier das Pack hinter der Barrikade: sogleich schicke ich ihm den großen doppelten Opernkucker." Konsequenterweise setzte er in seinem Testament vom 26. Juni 1852 den „in Berlin errichteten Fonds zur Unterstützung der in den Aufruhr- und Empörungskämpfen der Jahre 1848 und 1849 für Aufrechterhaltung und Herstellung der gesetzlichen Ordnung in Deutschland invalide gewordenen preußischen Soldaten, wie auch der Hinterbliebenen solcher, die in jenen Kämpfen gefallen sind", als Universalerben ein.

Tiere sehen dich an, so lautete der Titel des Bestsellers von Paul Eipper. Denselben oder ähnlich lautende Titel tragen eine ganze Reihe anderer Bücher, so etwa Hans Wollschlägers erstmals 1987 erschienener Essay *Tiere sehen dich an oder Das Potential Mengele*. Bereits die frühe Tierschutzbewegung zitierte immer wieder den Blick des Tieres, die „sanften schwarzen Augen“, „die traurigen Augen des Kalbes“, das zur Schlachtbank gezerrt wird. Nicht zufällig trifft die Peitsche des rohen Fuhrmannes immer wieder die Augen des Pferdes. Es wurde behauptet, der Anblick solcher Quälereien würde den Charakter des Betrachters verändern: „Die Anekdote des Maedchens zu Paris ist einzig. Ein Fleischer begegnete ihr mit einem Lamm. Er schlaegt unbarmherzig darauf. Dem armen Lamm laeuft das Blut aus den Augen. Es stürzt nieder. Das Maedchen wirft sich daneben, es bedeckt das Lamm mit seiner Schürze – Toede es, Barbar, ruft sie mit gepresster Stimme, aber plage es nicht!“ Das Mädchen, das seine Schürze schützend über das Lamm wirft, schützt es nicht nur vor den Schlägen des Metzgers. Der Blick des Tiers wird unerträglich. Aber blicken Tiere Menschen wirklich an? Und wenn, was sehen sie? Letztlich wissen wir sehr wenig darüber, wie Tiere den Menschen betrachten. Man muss das Postulat umkehren – „Menschen sehen Tiere an“ – oder sich wie John Berger die Frage stellen: „Warum sehen wir Tiere an?“

Arthur Schopenhauer las Zeitungen, die auch von Charles Darwin gelesen wurden. Friedrich Nietzsche las Schopenhauer und Darwin, sah in Schopenhauer seinen „ersten und einzigen Erzieher“. Mochte sich auch jeder von ihnen mit Tieren beschäftigen, ihre Sichtweisen hätten nicht unterschiedlicher sein können. Mochte Nietzsche Schopenhauer auch darin zustimmen, dass das Leben mit unaufhörlichem Leiden verknüpft sei, er stellte dessen Philosophie auf den Kopf. Mitleid und Mitgefühl hätten den Mensch zu einem kranken Tier gemacht, zu einem „in sich selbst zurückgescheuchten Thiermenschen, [...] der das schlechte Gewissen erfunden hat, um sich wehe zu thun, nachdem der natürlichere Ausweg dieses Wehe-tun-wollens verstopft war". Ein an Geist und Körper gesunder Mensch sei weder bemüht, Leid zu vermeiden, noch zögere er, anderen Leid zuzufügen. Die geistig Gesunden „treten in die Unschuld des Raubthier-Gewissens zurück, als frohlockende Ungeheuer, welche vielleicht von einer scheusslichen Abfolge von Mord, Niederbrennung, Schändung, Folterung mit einem Übermuthe und seelischen Gleichgewichte davongehen, wie als ob nur ein Studentenstreich vollbracht sei [...] Auf dem Grunde aller dieser vornehmen Rassen ist das Raubthier, die prachtvolle nach Beute und Sieg lüstern schweifende blonde Bestie nicht zu verkennen; es bedarf für diesen verborgenen Grund von Zeit zu Zeit der Entladung, das Thier muss wieder heraus, muss wieder in die Wildnis zurück".

Nietzsche betrachtete die Zivilisation als eine Krankheit, deren Heilung die Freisetzung verschütteter animalischer Instinkte zur Voraussetzung habe. Nietzsche, zeitlebens krank, schwach, verletzlich und hilfsbedürftig, projizierte eigene Ängste und Befindlichkeiten auf die Gesellschaft. Das Tierische diente ihm dabei als Folie. Man kann sich nur schwer vorstellen, dass sich Nietzsche in seinem Leben wirklich mit Tieren beschäftigt hat, auch nicht während jener Zeit, als er als Artillerist mit Pferden zu tun hatte. Während einer Reitstunde verletzte er sich beim Sprung auf ein Pferd. In der Folge wurde er als dienstuntauglich aus dem Militärdienst entlassen. Immerhin suchte er dem militärischen Drill im Stall zu entkommen, „unter dem Bauche des Pferdes versteckt“, leise rufend: „Schopenhauer, hilf.“

Wenngleich Darwin schrieb, es müsse „für alle Menschen offene Concurrenz bestehen, und es dürfen die Fähigsten nicht durch Gesetze oder Gebräuche daran gehindert werden, den größten Erfolg zu haben und die größte Zahl von Nachkommen aufzuziehen“, so war er, was die Übertragung seiner Erkenntnisse auf die Gesellschaft betrifft, im Gegensatz zu Nietzsche eher zurückhaltend. Den evolutionären „struggle for life“ betrachtete Darwin als Notwendigkeit zur Erhaltung der Existenz, nicht aber als anzustrebenden Wert: „So bedeutungsvoll der Kampf um die Existenz gewesen ist, so sind doch, soweit der höchste Teil der menschlichen Natur in Betracht kommt, andere Kräfte noch bedeutungsvoller: denn die moralischen Eigenschaften sind entweder direct oder indirect viel mehr durch die Wirkung der Gewohnheit, durch die Kraft der Überlegung, Unterricht, Religion usw. fortgeschritten, als durch natürliche Zuchtwahl …“

Es entbehrt nicht einer gewissen Ironie, dass Nietzsches Zusammenbruch mit einer Mitgefühlsregung einherging. Als Nietzsche am 3. Januar 1889 in Turin aus seiner Wohnung trat, lief er laut wehklagend auf ein Pferd zu, warf seine Arme um den Hals des Tieres, um dieses vor den brutalen Schlägen eines Droschkenkutschers zu schützen. Dann brach er unter Tränen zusammen. All das kündigte sich wenige Monate zuvor in einer Fantasie Nietzsches an: „Gestern dachte ich mir ein Bild aus von einer moralité larmoyante, mit Diderot zu reden. Winterlandschaft. Ein alter Fuhrmann, der mit dem Ausdruck des brutalsten Cynismus, härter noch als der Winter ringsherum, sein Wasser an seinem Pferd abschlägt. Das Pferd, die arme geschundene Creatur, blickt sich um, dankbar, sehr dankbar.“ In Nietzsches Fantasie drischt der Fuhrmann nicht auf das Pferd ein. Stattdessen schlägt er sein Wasser an den Beinen des Tieres ab. Eine sexuelle Fantasie. Auf jeden Fall kann man sich Nietzsches Begegnung mit dem Pferd, so diese überhaupt stattfand, nur als Groteske vorstellen, trat er doch als Schauspieler in einer längst erzählten Geschichte auf, mit dem Motiv des rohen Fuhrmanns, welches neben vielen anderen auch Schopenhauer bemüht hatte. Tragisch dagegen seine letzten Lebensjahre, in denen er ausgerechnet von seiner ihm verhassten Schwester vermarktet und verwaltet, Besuchern als Kippbild von Genie und Wahnsinn bzw. krankem Tier präsentiert wurde.

Am 16. Oktober 1846 führte der amerikanische Arzt William Thomas Green Morton am Massachusetts General Hospital der Harvard-Universität einen chirurgischen Eingriff an einem Patienten durch, den er mit Hilfe von Ätherdämpfen narkotisiert hatte. Der Patient bewegte sich zwar während des Eingriffs, konnte sich an diesen aber nicht erinnern. Auch gab er an, keine Schmerzen empfunden zu haben. Die Einführung der Narkose löste bei Ärzten, mochten sie die durch die Narkose geschaffenen Erleichterungen noch so sehr begrüßen, große Irritationen aus. Ihr Misstrauen gegenüber dem „Ätherisiren" oder „Chloroformiren" bezog sich nicht nur auf die Gefahr, dass der Kranke unter den Händen des Arztes sterben könnte, sondern ebenso auf bleibende Beeinträchtigungen der Empfindungsfähigkeit. Selbst der Berliner Chirurg Johann Friedrich Dieffenbach, der als einer der Ersten die Äther-Narkose anwandte, empfand diesbezüglich großes Unbehagen: „Der Betäubte weiß bei der Operation nichts von seinem Arzte, der Arzt nichts von seinem Kranken. Das Band der wechselseitigen Mitteilung ist zerrissen, der ihn selbst hebende, milde Zuspruch wird nicht vernommen, die Frage nicht beantwortet, es herrscht eine grausige Einsamkeit." Entgegen solcher Befürchtungen hat sich die Narkose nicht nur rasch durchgesetzt, sie hat auch das Schmerzverständnis grundlegend verändert.

Arthur Schopenhauer lebte nicht vegetarisch. Mitleid mit Tieren heiße nicht, auf tierische Nahrung zu verzichten. Ohne tierische Nahrung könnten die im Norden lebenden Menschen nicht bestehen. Durch den Verzicht auf Fleisch würden sie mehr leiden als ein Tier durch einen schnellen und „unvorhergesehenen" Tod. Diesen Tod solle man mit Hilfe von Chloroform erleichtern. Schopenhauer erwähnt nicht, wie dies etwa bei der Robbenjagd möglich sein sollte. Betonte Jeremy Bentham noch die Leidensfähigkeit der Tiere, so tauchte nun eine ganz neue Vorstellung auf, nämlich jene eines schmerzfreien und raschen Todes.

Seit ihren Anfängen lebt die Tierschutzbewegung von der Schmerzvermutung. Die Probleme beginnen bereits damit, wie schwierig es ist, Schmerzen überhaupt zu beschreiben. Schmerzen können als rasend, stechend, bohrend, dumpf, klopfend, punktuell, klar begrenzt, ausstrahlend, wandernd, schneidend oder als krampfartig erlebt, als dauerhaft oder in Form eines plötzlichen Anfalls empfunden werden. Tun wir uns schon schwer, unsere eigenen Schmerzen zu erklären, so fällt es uns noch viel schwerer, Schmerzempfindungen anderer, gar von Tieren zu beschreiben. Verständlicherweise ist das diesbezüglich von Tierschützern verwendete Vokabular reichlich stereotyp: Das Tier „litt fürchterliche", „entsetzliche", „grauenhafte", „unerträgliche Schmerzen", der Hund „verendete qualvoll", die Katze habe „furchtbar gelitten". In der Schmerzbehauptung bemüht die Tierschutzbewegung stets Superlative.

Ohne Zweifel verfügen Wirbeltiere wie der Mensch über ein hochentwickeltes Nervensystem. Aber wer immer sich genauer mit Tieren beschäftigt, wird genügend Beispiele finden, die im Widerspruch zu allen Schmerzbehauptungen stehen. Ziegen etwa können Verletzungen, die in unseren Augen erschreckend wirken, mit erstaunlichem Gleichmut ertragen. Dagegen können sie panikartig reagieren, wenn sie von ihrer Herde getrennt sind. Zweifellos handelt es sich dabei um einen Schmerzzustand. Fließt Blut und sind heftige Körperbewegungen zu beobachten, werden wie beim Schächten besonders heftige Schmerzen vermutet.

In meiner Kindheit habe ich oft geholfen, Ferkel zu kastrieren. Man benötigte neben einem Hocker nur eine gebrauchte Gillette-Rasierklinge, Kernseife mit warmem Wasser, Speiseöl. Die Ferkel waren aufgeregt. Man musste ihre Beine festhalten, hatte man sie rücklings auf die Knie desjenigen gelegt, der den Eingriff durchführte. Weniger der beiden Schnitte wegen quiekten sie so erbärmlich, sondern weil sie von der Muttersau getrennt, weil sie festgehalten wurden. Kaum hatte man sie in die ihnen bekannte Box zurückgebracht, waren sie – zwar noch aufgeregt – schon wieder damit beschäftigt, in Stroh und Mist zu wühlen. Ich erinnere mich an einen Tierarzt, der Ferkel mit seinen Händen und seiner Stimme so zu beruhigen wusste, dass sich ein Hodenhochstand ohne Narkose beheben ließ. Er hatte die Begabung, das auf einem Tisch liegende Ferkel so zu behandeln, dass es sich seinen Händen anvertraute und er ohne besondere Mühe den kurzen Schnitt in die Bauchdecke machen konnte. Ich erinnere mich an einen Bauern, der auf die Behandlung unfruchtbarer Kühe spezialisiert war, auf Kühe, die trotz guter Milchleistung nicht mehr „aufnehmen“ wollten, also leerstanden. Zumeist dachte er an eine Ableitungskur, an Aderlässe. Mit einem einfachen Messer stach er eine der großen Bauchvenen an. Das Blut, es wurde an die Schweine verfüttert, ließ er in einen Kübel laufen. Mit Hilfe eines zerbrochenen Dachziegels brachte er die Blutung zum Stillen. Zweifellos waren die Kühe unruhig, aufgeregt. Aber empfanden sie heftige Schmerzen? Ich erinnere mich allerdings auch an viele andere Eingriffe, die nur mit Gewaltanwendung und unter heftiger Gegenwehr des Tieres durchgeführt werden konnten.

Wird bei einem Frosch die Verbindung zwischen dem Gehirn und dem Rückenmark durchtrennt, bleibt er am Leben. Seine Aktivität verändert sich aber in höchst merkwürdiger Weise. Ist das Nervensystem eines Frosches auf das Rückenmark reduziert, so hört er auf zu atmen und zu schlucken. Dieser „Rückenmarksfrosch“ liegt flach auf dem Bauch, statt sich aufrecht auf die Vorderbeine zu stützen. Dreht man ihn auf den Rücken, bleibt er ruhig liegen, anstatt sich, wie ein normaler Frosch, umzudrehen. Er ist nicht mehr in der Lage, sich fortzubewegen. Zieht man jedoch seine Hinterbeine, die er unter seinem Körper zusammengezogen hat, heraus, so kehren diese sofort wieder in ihre Ausgangsstellung zurück. Wird der Frosch mit dem Unterkiefer an einem Halter befestigt und kneift man eine Zehenspitze der hinteren Extremitäten mit einer Zange, so wird das Bein in die Höhe gezogen und an den Körper gelegt. Wird eine Zehenspitze mit verdünnter Essigsäure gereizt, zieht der Frosch, abhängig von der Konzentration, das Bein sofort oder nach einiger Zeit aus der Lösung. Wird eine kleine Stelle der Rückenhaut mit Hilfe eines spitzen Pinsels mit verdünnter Essigsäure betupft, hebt der Frosch das Hinterbein und wischt mit den Zehen die gereizte Stelle ab.

Liest man Beschreibungen von frühen Tierversuchen, dann fällt auf, dass Zufall und Neugier eine ganz zentrale Rolle spielten. Es wurde durchtrennt, entfernt, exstirpiert, gereizt, beobachtet, dokumentiert. Da damals die Funktionen von Gehirn und Nervensystem noch weitgehend unbekannt waren, hatten Eingriffe oft genug überraschende wie erstaunliche Erscheinungen zur Folge. Abhängig davon, an welcher Stelle eine Nervenbahn durchtrennt, das Gehirn ganz oder teilweise entfernt, mit welchen Reizen (Säure, mechanische Einwirkung, elektrischer Strom, Hitze oder Kälte) gearbeitet wurde, aber auch, welche Tiere verwendet wurden, ließen sich sehr unterschiedliche Resultate zu einem Gesamtbild der Nerventätigkeit zusammenfügen.

Die systematischen Versuche an lebenden Tieren, insbesondere Untersuchungen über das Nervensystem, haben, obwohl dieser Zusammenhang gerne vergessen wird, maßgeblich zur Vorstellung beigetragen, Tiere könnten ähnlich wie Menschen Schmerzen empfinden. Was wir über das Schmerzempfinden der Tiere wissen, verdanken wir nicht zuletzt diesen als grausam gescholtenen Experimenten. Im Gegensatz zu den nüchternen Beschreibungen in der Fachliteratur bedienen sich die vivisektionskritischen Schriften bis heute einer dichten szenischen, identifikationsstiftenden Darstellung. Es geht nicht um das Anliegen eines Experiments, sondern um Empfindungen des Schmerzes wie absoluten Ausgeliefertseins. Verständlicherweise wird dabei ein schauriges Vokabular bemüht, welches sich so in keiner der zitierten Experimentbeschreibungen findet. Im Gegensatz zu den Vivisekteuren gelten die Versuchstiere als empfindsam und beziehungsfähig. So leckt denn der Hund – gemäß einer immer wiederkehrenden erzähltechnischen Figur – die Hand oder das Gesicht des Versuchsleiters, sobald er von seinen Fesseln befreit ist. Ein anderes Motiv lässt den Vivisekteur auf dem Sterbebett zur Einsicht kommen: Nun büße er all das, was er Tieren angetan habe. Genaugenommen müsste die heutige Tierschutzbewegung experimentelle Physiologen wie Claude Bernard und andere zu ihren Säulenheiligen zählen.

In einer ländlichen Gegend Frankreichs verschwinden plötzlich viele Dinge auf merkwürdige Weise: der Hahn vom Kirchturm, Gartenfiguren, zuerst Tiere, dann auch Menschen. Plötzlich regnet es Blut, hagelt es Eingeweide, Füße, Arme, Schenkel, kunstgerecht sezierte Körper. Die Dörfer der Gegend entvölkern sich. Die Menschen wagen sich nicht mehr aus ihren Häusern. Viele erhängen sich an Bäumen oder Wegweisern, wieder andere klettern auf Strommasten und versuchen sich durch die Berührung der Leitungsdrähte das Leben zu nehmen. Die Flüsse schwemmen Leichen an, auf den Geleisen der Eisenbahn liegen zermalmte Körper. Gestank verbreitet sich über der Gegend.

In einer Art Raumschiff, welches über den betroffenen Dörfern schwebt, beschäftigen sich der Empathie unfähige, aber intelligente Lebewesen mit Vivisektion.

Diese Lebewesen entführen nicht, sondern saugen ihre Versuchsobjekte von der Erde ab. Das Raumschiff ist wie seine Besatzung gläsern. Die verschleppten Menschen sehen von ihren Zellen aus das Leiden jener, die sich in anderen Zellen befinden, können sich mit diesen aber bestenfalls durch Zeichen und Gebärden verständigen. An ihnen werden auch Paarungsversuche durchgeführt: „Die Unsichtbaren behandeln uns wie die Tiere!" Manche der vom Himmel gestürzten Leichen weisen sonderbare Male auf, die auf halbe oder völlige Erstickung, auf Kompression und Dekompression hindeuten: „Wenn wir versuchshalber Tiere in luftleeren Raum versetzen, sehen sie aus, wie Robert ausgesehen hat … Eine kurze Untersuchung zeigte, dass sein Körper angeschwollen und aufgebläht war, dass das Blut aus der Epidermis getreten war wie Schweiß … dass er gewissermaßen explodiert war." – Maurice Renard: *Die blaue Gefahr*, ein Roman aus dem Jahr 1912: Unübersehbar verarbeitete der Autor reale Tierexperimente, etwa Vakuumsversuche, die sich im siebzehnten Jahrhundert großer Beliebtheit erfreuten. Sie fanden oft genug vor großem Publikum statt. Damals wurde etwa entdeckt, dass eine Glocke im Vakuum nicht mehr tönt, Tiere darin sterben, aus Wasser Luftbläschen entweichen, brennende Kerzen verlöschen oder Fische stark anschwellen. Neben anderen führte Robert Boyle Tierversuche in der Vakuumpumpe durch. Es wurden Glasglocken verwendet, da man bei solchen Experimenten die Vorgänge im Inneren beobachten wollte. Es wird berichtet, manchmal habe das Leiden der Versuchstiere bei Boyle Regungen des Mitgefühls ausgelöst. So habe er ein

Kätzchen, welches einen solchen Versuch überlebte, laufen lassen, damit es „die Gunst seines glücklichen Schicksals genießen" könne. Er soll auch Versuche abgebrochen haben, sofern er von einer empfindsamen Frau darum gebeten wurde. Dann beschäftigte er sich wieder mit vergleichenden Ertränkungsversuchen an Land- und Wasservögeln. Obwohl Versuche am lebenden Tier damals nur auf geringen Widerstand stießen, gab es bereits erste Kritik an der Vivisektion.

In Maurice Renards Roman werden Menschen so behandelt wie Tiere in Vivisektionsexperimenten, eine Rollenumkehrung, deren sich die Tierschutzbewegung in ihren Argumentationen oft bedient. Der „gewissermaßen explodierte" Robert des Romans lässt an Boyle denken, der ebenfalls den Namen Robert trug. Renard verleiht in seinem Roman den Versuchstieren Sprache, indem er Menschen das erleben lässt, was nach den Vorstellungen der Vivisektionsgegner Tieren zugefügt wird. Erzähltechnisch bedient er sich dabei der Form des Tagebuchs, welches eines der Opfer führt. So tritt an die Stelle distanzierter Beobachtung – üblicherweise führen Experimentatoren Protokolle – die unmittelbare Erfahrung von Schmerz und Angst.

Der Held des Romans tötet sich in der Hoffnung, seine Geliebte Marie-Thérèse zu retten, indem er das befürchtete Unterdruckexperiment selbst in Gang setzt. Seine Freunde überleben. Sein Opfertod ist notwendig, da er eine Frau liebt, die zu heiraten ihm seine niedere Herkunft verbietet. Er muss Platz für einen standesgemäßen Anwärter machen. In Renards Roman beenden die Außerirdischen ihre Versuche, als sie erkennen, dass auch Menschen über Empfindungen und Bewusstsein verfügen.

Inzwischen weiß man, dass auch der Fadenwurm *Caenorhabditis elegans* sensibel auf schmerzhafte Reize reagiert. Wird das Vorder- oder Hinterende des Wurms mit einem Laserstrahl erhitzt, so versucht das Tier zu entkommen. Unser Mitgefühl hält sich in Grenzen. Ein Fadenwurm ist emotional nicht gerade positiv besetzt, im Gegenteil, er löst bei nahezu allen Menschen Ekelgefühle aus. Einem Wurm sprechen wir jedes Bewusstsein ab. Fischen, die zu Konserven verarbeitet werden, wird in der Regel wenig Mitgefühl entgegengebracht, während dem Goldfisch in seinem Glas ein Subjektstatus zugestanden wird. Wird er gequält oder mutwillig getötet, handelt es sich um einen unmittelbaren Eingriff in ein menschliches Beziehungsgefüge. Der Täter wird, kommt es zu einer Anzeige, streng bestraft. In anderer Weise gilt dieses Mitgefuhl auch dem „Wal mit der Harpune in seinen Gedärmen, der seine Qual nicht zum Himmel schreien kann“. Dass gerade Meeressäuger in hohem Maß als empfindungsfähig gelten und bereits die Gefangenschaft als „grausame und brutale Tierquälerei“ gegeißelt wird, ist auch Folge medialer Berichterstattung. Wale, die durch das Meer gleiten und sich mit ihren Artgenossen in Form von Gesängen verständigen, lassen Menschliches anklingen. Dabei sind die bei Walen beobachteten Gesänge ihrer Struktur nach recht einfach. Lässt ein Zoodirektor dagegen eine überzählige Giraffe töten und das Fleisch Löwen vorwerfen, dann gerät die tierliebende Welt in Aufregung. Nisten sich

Siebenschläfer in Zwischenwänden und -decken ein, dann sieht es wieder anders aus. Wer immer sich mit der Tierberichterstattung der letzten Jahrzehnte beschäftigt hat, weiß, dass sich das Mitgefühl mit Tieren nur allzu schnell in sein Gegenteil umschlagen kann: Man denke an Tierseuchen wie die Tollwut, an Diskussionen über Kampfhunde, an Wildschweine, die Rasenflächen von Einfamilienhäusern durchwühlen.

Mir geraten beim Schreiben die Zeiten durcheinander. Dies ist nicht anders möglich, will man die Geschichte des Mitgefühls oder der Tierliebe nachzeichnen. Deshalb krümmt sich nun der tote Tom Nero vor Schmerzen auf dem Seziertisch, als sei er das Opfer einer Vivisektion. Der Professor sitzt unbeteiligt auf seinem Katheder, drei Chirurgen sind an der Leiche beschäftigt. Während einer dabei ist, den Fuß zu sezieren, hat der andere den Bauch bereits aufgeschlitzt und leert die Bauchhöhle, und der dritte nimmt die Augenhöhlen aus. Ein Helfer füllt die Gedärme in einen Bottich. Die Szene lässt uns an das Schlachten eines Schweins, das Messer des Chirurgen in der Mitte eher an das eines Metzgers denken. Der Helfer im Vordergrund scheint die Därme auszustreichen, also den Darminhalt zu entfernen, als würden sie in der Folge für die Wursterzeugung verwendet. Wie beim Schlachten kriegt auch der Hund etwas ab. Es ist Tom Neros Herz. Verständlich, hat Tom doch manches Tier gequält. Links unten im Bild brodeln auf einem Feuer Schädel- und Oberschenkelknochen. Die dampfende Suppe gibt ihren Geruch in den Raum ab, es ist, als würde da die Schlachtsuppe gekocht. William Hogarths satirisches Blatt *Eine anatomische Vorlesung in Barber's Hall*, das vierte und letzte der Reihe *The Four Stages of Cruelty* aus dem Jahr 1751. Während sich die ersten drei Blätter mit den Grausamkeiten des Tom Nero zu Lebzeiten beschäftigen, zeigt das vierte, wie er, nachdem er gehängt wurde, in Barber's Hall seziert wird.

Noch im achtzehnten Jahrhundert wurden ausschließlich Leichen von Hingerichteten oder von namenlosen Personen seziert, die tot aufgefunden wurden. Der Bedarf an Leichen für anatomische Untersuchungen ließ sich bereits damals so nicht mehr decken. Bentham unterlief alle diesbezüglich sehr einschränkenden Bräuche, Vorstellungen und gesetzlichen Regelungen, indem er die von ihm behaupteten Thesen auf seine eigene Person anwandte: „Da ich meine geistigen Fähigkeiten seit frühester Jugend dem Dienst an der Menschheit gewidmet hatte, bleibt mir, meinen Körper demselben Zweck zu widmen." Bentham definierte seinen Körper als „Erbmasse" und vermachte ihn testamentarisch einem befreundeten Chirurgen. Wie von Bentham gewünscht, wurde die Sektion seiner Leiche als Festakt inszeniert, in dem seine Persönlichkeit und seine Verdienste als politischer Denker ausführlich gewürdigt wurden. Unter den vielen Zuschauern fanden sich zahlreiche Anhänger des Utilitarismus. Einer der Augenzeugen: „Der Leichnam befand sich auf dem Tisch in der Mitte des Raumes, direkt unter dem Oberlicht und war mit einem Nachthemd bekleidet, das nur Kopf und Hände freiließ. Die Gesichtszüge hatten nichts Starres, sondern drückten ruhige Würde und Wohlwollen aus." Dass während der Sektion ein heftiges Gewitter niederging, muss erheblich zur Wirkung der Inszenierung beigetragen haben.

Auf vielen frühen Sektionsdarstellungen sind Hunde abgebildet. Auch wenn anzunehmen ist, dass im sechzehnten Jahrhundert Hunde tatsächlich unter den Sektionstischen herumliefen, so ist damit noch nicht ausreichend erklärt, warum sie auf so vielen Abbildungen dargestellt sind. Was machen die Hunde unter dem Tisch? Einige schauen gierig, scheinen hungrig, saugen den Geruch nach frischem Fleisch ein, möchten sich ihn einverleiben, in das Fleisch hineinbeißen, andere scheinen gesättigt, lungern am Boden oder balgen sich mit anderen Hunden. Es ist, als seien die Hunde notwendig, damit die Szene nicht aus dem Gleichgewicht gerät. Die Hunde bezeichnen das Verbot des Verzehrs. Nur Hunde schielen auf den Sektionstisch, begierig darauf, ein Stück Fleisch zu erhaschen. Sie bezeichnen den Unterschied zwischen Tier und Mensch. Der Anatom wird nicht auf den Gedanken kommen, von diesem Fleisch zu kosten. Der Hund steht für das Wilde, Unbeherrschte, das Tierische. Einzig die Angst vor Schlägen hält ihn davon ab, seinen Begierden zu folgen. Im achtzehnten Jahrhundert wurden die Hunde aus den Sektionssälen vertrieben; sie verschwanden auch aus den Abbildungen. Spätestens zu diesem Zeitpunkt verfügte die moderne Medizin über einen so stabilen Rahmen, dass sich jene Tabus, die mit der Sektion verknüpft sind, beherrschen ließen. Die Hunde verloren ihre symbolische

Funktion. Nun wurden Hunde wie Schweine, Katzen oder andere Tiere selbst seziert. Sie wurden lebendig aufgeschnitten, giftige Substanzen wurden ihnen eingeflößt, Nadeln in ihr Rückenmark gestochen oder Bluttransfusionen durchgeführt.

Schmerz gilt, abgesehen von physiologischen Erklärungen, in denen die Schmerzempfindung eine Störung, eine Verletzung oder einen Defekt signalisiert, längst selbst als Störung. Schmerz verweist nicht länger auf die Krankheit, sondern ist selbst zur Krankheit geworden. Deshalb soll jede Schmerzempfindung möglichst vermieden, und wenn sie sich nicht vermeiden lässt, bekämpft werden. Längst wird dem Schmerz keine lebensgeschichtliche Bedeutung im Sinne menschlicher Erfahrung zugesprochen. Nicht länger reifen wir am Schmerz, wir opfern ihn auch nicht auf, verrechnen ihn nicht mit Schuld, die wir auf uns geladen haben. Der Kulturhistoriker David B. Morris: „Was wir heute empfinden, wenn wir Schmerzen haben, *kann nicht* das gleiche unveränderte Gefühl sein, das die Menschheit quält, seit unsere Vorfahren aus ihren Höhlen gekrochen sind. Unsere Schmerzen, jetzt sinnentleert und nur geistlos im Nervensystem herumschwirrend, sind das Produkt ihrer eigenen und spezifischen Geschichte."

Wie sehr sich das Schmerzverständnis in den letzten hundert Jahren geändert hat, lässt sich an nichts besser feststellen als am Verschwinden jener Gebärden, mit denen dem Schmerz Ausdruck verliehen wurde. Schreien, Fluchen und lautes Wehklagen sind fast vollkommen verschwunden. Man könnte sagen, der Schmerz habe seine eigentliche Sprache verloren. Er ist stumm geworden. Im Gegensatz zum Menschen hat sich die Art und Weise, wie Tiere ihren Schmerzen Ausdruck verleihen, über lange Jahrhunderte nicht geändert. Sie schämen sich nicht ihres Wehklagens. Das Klagen eines Tieres muss in einer Gesellschaft, die alle Gebärden des Schmerzes einer strikten Affekt- und Medikamentenkontrolle unterwirft, einen tiefen Eindruck hinterlassen.

Beklagten Tierschützer des neunzehnten Jahrhunderts die Peitschenhiebe des rohen Fuhrmanns, den groben Metzger, der das Kalb zur Schlachtbank zerrt, oder das Stopfen von Gänsen, so sind in der Zwischenzeit zahllose andere Mutmaßungen über das Schmerzempfinden hinzugekommen, was allein ein Blick in die Boulevardpresse deutlich macht: *Einen Monat bedingt, weil er einen Spatzen erschoß. Bedingt für „Mord" an Sittich. Den Nachbarpudel kahlrasiert: Strafe wegen Tierquälerei. Hund allein gelassen: Verurteilt wegen psychischer Qual. Auch Bienen können leiden.*

Vor einem Jahr sah ich in einem Osttiroler Bergbauerndorf an einem Baum am Waldrand einen erhängten Fuchs. An einem Strick baumelte er an einem Ast, etwa sechs Meter über dem Boden. Der Kadaver war bereits ziemlich verwest. Ich hatte schon lange keinen erhängten Fuchs mehr gesehen, aber der Anblick war mir aus meiner Kindheit vertraut. Ich erinnere mich an einen Jungen aus der Nachbarschaft, der einen Fuchs, den er im Hühnerstall überrascht hatte, mit einer Schaufel erschlug. Der erschlagene Fuchs wurde am Waldrand an den Ast einer Buche gehängt. Das Bauernhaus wurde längst abgerissen, die Buche steht immer noch dort. Es reichte nicht, einen Fuchs zu erschlagen. Man warf den Kadaver nicht einfach einen Abhang hinunter. Man musste sich die Mühe machen, den Fuchs wie einen Dieb zu hängen. Man investierte sogar einen Strick. Dass der erhängte Fuchs vielleicht gar kein Hühnerdieb gewesen war, tat dem keinen Abbruch. Als sichtbares Zeichen diente er als Warnung an alle Füchse. Entscheidend war der Ort. Man hängte den Fuchs nicht an irgendeinen Baum, dieser musste am Waldrand zum Dorf stehen, also an der Schnittstelle von Natur- und Kulturlandschaft, jener Schnittstelle, die sich lange nur mit Mühe verteidigen ließ. Kommen die Füchse ins Dorf, so dringt der Wald in die Siedlungen der Menschen ein und lässt das unsicher werden, was Generationen einst der Wildnis abgerungen haben. Es bedurfte klarer, manchmal eben auch brachial behaupteter Grenzziehungen. Im Übrigen war das Verhältnis zu den Füchsen komplizierter: Wurde geschlachtet, so konnte man all das, was sich von einem Tier nicht verwerten ließ, in einen der nahe gelegenen Wälder werfen: „Auch die Füchse sollen etwas haben."

Das Wissen um die Bedeutung der über viele Jahrhunderte hinweg nur mühsam behaupteten Grenzziehung zwischen Natur und Kultur flackerte ein letztes Mal während der Tollwutepidemien in der Zeit zwischen den 1960er und 1980er Jahren wieder auf. Auch hier ging es vor allem um Füchse: „Als Dagmar S. (19) Montag abend auf dem Auweg bei Lech in ihrer Heimatgemeinde joggte, lief ein Tier auf sie zu, das von Paul K. verfolgt wurde. Die Frau dachte, es handle sich um einen Hund. Erst durch K.'s Zurufe erkannte sie es als Fuchs und versuchte, in Richtung Mülldeponie zu flüchten. Das Tier folgte ihr jedoch, fiel sie an und fügte ihr eine Bisswunde oberhalb des linken Knies zu." Der Mann erschlug den Fuchs, die Frau wurde mit Spritzen gegen die Tollwut behandelt.

Untersucht man Berichte der Boulevardpresse jener Zeit, so macht man eine erstaunliche Entdeckung. So sollen nahezu ausschließlich junge Frauen von tollwütigen Füchsen gebissen worden sein, obgleich Jäger oder Waldarbeiter in einem viel höheren Maß diesem Risiko ausgesetzt waren. Die jungen Frauen solcher Berichte wurden in der Regel im Bereich des Knies gebissen. In der sexuellen Körpertopographie sind Knie und Bein erotisch besetzt. Auch wenn es sich dabei um vergleichsweise neutrale Zonen handeln mag, so deuten diese doch auf das Geschlecht. Der triefende Speichel, der Biss, das Blut oder die offene Wunde lassen weitere sexuelle Assoziationen zu. Ob gute oder böse Tiere, wir haben es mit Folien zu tun, mit Motiven, die sich über viele Jahrhunderte hinweg beobachten lassen.

In der Tollwutberichterstattung brach sich unübersehbar der Rotkäppchen-Stoff. Da wie dort geht es um ein Mädchen bzw. um eine junge Frau. Da wie dort verlässt ein wildes Tier den Wald und nähert sich dem Menschen. Die junge Frau erkennt den Fuchs nicht, hält ihn für einen Hund. Wie Rotkäppchen deutet sie das Verhalten des Tieres falsch: „Rotkäppchen aber wusste nicht, was das für ein böses Tier war, und fürchtete sich nicht vor ihm." In den unterschiedlichen Rotkäppchenvarianten sind die freundlichsten Wölfe am gefährlichsten. Rotkäppchen wird gefressen, die junge Frau gebissen. Da wie dort findet sich eine Vielzahl sexuell auslegbarer Momente. In Charles Perraults *Le petit chaperon rouge* aus dem Jahr 1697 verkleidet sich der Wolf noch nicht als Großmutter. Von ihm dazu aufgefordert, zieht sich das Rotkäppchen aus und legt sich zu ihm ins Bett. Der Wolf des Märchens, der „alte Sünder", stillt seine „Gelüste" an der Großmutter und dem Mädchen. Triebhaft zeigte sich laut Boulevardpresse auch der tollwütige Fuchs: „Bereits wenige Stunden später schlug das kranke Tier wieder zu."

Rotkäppchen pflückt seine Blumen nicht auf einer Wiese, sondern im Wald. Dabei wachsen im Wald kaum Blumen. Nicht zufällig wird das Schamhaar der Frau umgangssprachlich als Wald bezeichnet. Ähnlich wie der Wald hat das weibliche Geschlecht eine dunkle und gefährliche Komponente. Während jedoch Rotkäppchen gegen alle Warnungen vom sicheren Weg, dem Pfad der Tugend und Selbstkontrolle abweicht (die Weinflasche könnte zerbrechen!), wird in den Tollwutberichten der Weg selbst unsicher. Nicht nur beim Joggen, selbst auf dem Weg in den Supermarkt oder zur Kirche lauerte die Gefahr. Es wurde davor gewarnt, mit fremden Haustieren auch nur den geringsten Kontakt zu haben. Bereits kleinste Verletzungen könnten bei Speichelkontakt zu einer Infektion führen. Selbst geimpfte Tiere könnten die Tollwut übertragen. Die Hände seien zu waschen, Einmalhandschuhe zu verwenden, schon gar nicht solle man sich von einem Hund das Gesicht ablecken lassen. Hunde seien an der Leine zu führen, Katzen einzusperren. Freilaufende Hunde und Katzen würden erschossen.

Auf latenter Ebene wurde eine Infektion letztlich als Schwangerschaft fantasiert. In der Grimm'schen Version des Märchens ist es allerdings der Wolf, der eine Art Schwangerschaft durchmacht. Der Jäger – er bedient sich einer Schere – führt einen Kaiserschnitt durch: „Er staunte nicht schlecht, wie er dann sah, dass auch das Rotkäppchen aus dem Bauch des Wolfes sprang!" Die folgende Scheinschwangerschaft – nun ist der Bauch des Wolfes mit ein paar großen Steinen gefüllt – bringt ihm den Tod.

Objekt: Katze
Verdacht: Wut
Ergebnis: negativ
Untersucht: Gehirn

Geruch: nach frischem Heu
Kontakt hatte: der Autor
Ergeht an: Bezirkshauptmannschaft

Die Angst vor einer Tollwutinfektion trug irrationale Züge. Verglichen mit den vielen Verkehrstoten ist es erstaunlich, welche Bedeutung dem Tollwutrisiko beigemessen wurde. Das Risiko, im Straßenverkehr, Haushalt oder in der Freizeit schwer verletzt zu werden, war um ein Vielfaches höher. Haushaltsunfälle werden in der Boulevardpresse trotz ihrer statistisch nachgewiesenen Häufigkeit, trotz der fatalen Folgen, die sie für die Betroffenen haben können, nur selten erwähnt. Über Kinder, die mangels Schutzvorrichtungen aus Fenstern stürzen, alte Menschen, die über Teppiche stolpern, Menschen, die sich verletzen, weil sie Geräte falsch bedienen oder keine Schutzbrille tragen, Kinder, die an Spielzeugen ersticken, durch Bleistifte Pfählungsverletzungen erleiden, sich mit Tabletten, die sie an Süßigkeiten denken lassen, vergiften, lässt sich nur schwer berichten, mangelt es doch solchen Ereignissen an archaischen Bildern. Autos, der Technik zugeordnet und dadurch scheinbar der Kontrolle des Menschen unterworfen, vermögen keine vergleichbaren Ängste auszulösen, es sei denn, sie werden in den Kontext der unberechenbaren Natur gestellt, etwa dann, wenn Fahrzeuge in Tunneln Feuer fangen oder von Lawinen und Muren verschüttet werden.

Die Tollwut flackert, flammt auf, breitet sich aus, verbreitet sich explosionsartig, kommt auf uns zu, greift über, dringt vor, wird eingeschleppt, eingedämmt, bekämpft, besiegt und schließlich ausgerottet. Die Füchse legen alle Scheu ab, verhalten sich auffällig und unnatürlich, treiben sich herum, fallen an, greifen an, weichen nicht aus, verbeißen sich, dringen in das Siedlungsgebiet ein, lassen sich in Gärten sehen, treiben sich in der Nähe des Schwimmbads herum. Die Frauen werden angefallen, sie flüchten, laufen davon, fallen zu Boden, verspüren einen stechenden Schmerz, sehen einen Fuchs an sich hängen, erleiden eine tiefe Fleischwunde, werden schwer verletzt, werden gerettet. Wird ein Mann – meist handelt es sich um einen Jäger – von einem tollwütigen Fuchs angegriffen, so tötet er ihn: „Nach einem rund halbstündigen Kampf konnte der Mann das Tier erwürgen." Im Gegensatz zu den gebissenen jungen Frauen sind die Männer der Technik, der Vernunft und damit der Kultur zugeordnet. Sie bedienen sich unterschiedlichster Werkzeuge, die die Distanz zum kranken Tier sicherstellt: Pistolen, Gewehre, Holzlatten, selbst Schuhe. Die Füchse werden erlegt, erschossen, erschlagen, erwürgt oder prompt niedergestreckt. Zielgebiete sollen mit Impfködern von Flugzeugen aus bombardiert werden. Man müsse weiterhin wachsam bleiben.

In der Berichterstattung erweisen sich die Männer als aktiv, die Frauen als passiv. Letztere erleiden, letztlich geben sie sich hin. Während den Männern, insbesondere Jägern, die Funktion zukommt, die Trennlinie zwischen Wildnis und Zivilisation zu überwachen, scheinen Frauen die Natur und das Irrationale noch nicht ganz abgestreift zu haben. Das Wort Hexe leitet sich von dem althochdeutschen Wort *hagazussa* – Zaunreiterin – ab. Dieser Zaun meint einen Heckenzaun, der den Wald vom angrenzenden Kulturland trennt. Als Hexe stand die Frau im Verdacht, zwischen Wald und Kulturlandschaft zu wechseln.

Als es schließlich gelungen war, die Seuche mit Hilfe von Impfködern einzudämmen, wurde der Fuchs – nur wenige Jahre zuvor als gefährliches Tier wahrgenommen – plötzlich zum leidensfähigen Geschöpf und damit selbst zum Opfer. Mensch und Tier schienen ihre Eigenschaften vertauscht zu haben. Dem guten Tier stand fortan der böse Mensch gegenüber, der die Ordnung der Natur gefährdet. Nicht das Tier, der Mensch sei es, der andere Lebewesen ausrotte. Gemeint war der Jäger. Am Ende des zwanzigsten Jahrhunderts hat der Jäger seine Funktion, die Demarkationslinie zwischen Natur und Kultur zu überwachen, endgültig verloren. Unsere Wälder werden als Ergebnis menschlicher Eingriffe in Natur verstanden. Der urbane Raum gilt dagegen als inzwischen besonders artenreich. Auf den Grüninseln des Straßenverkehrs wie in Parkanlagen finden Insekten, Vögel oder Kleinsäuger neue Lebensräume. Unter den Säugetieren gelten Marder und Fuchs als prominente Kulturfolger. Naturparks bedürfen nicht länger der unberührten Natur, sondern lassen sich selbst in ehemaligen militärischen Sperrgebieten oder stillgelegten Industriegebieten realisieren. Es genügt, entsprechend große Areale sich selbst zu überlassen.

Mit dem Ende der Tollwut sind an die Stelle der Jäger Ärzte, Veterinärmediziner und Biologen getreten. Während Rotkäppchen sein zweites Leben noch dem Jäger verdankt, wurden die gebissenen Frauen vom Arzt gerettet. Im Wald leben keine wilden Tiere mehr. Die Tiere, die gejagt werden, werden gefüttert. Ihr Abschuss erfolgt nach züchterischen Maßgaben. Die Jagd ist zu einem Freizeitsport geworden. Nicht der Jäger, sondern die Feuerwehr holt Katzen von hohen Bäumen oder Dächern, befreit Dachse oder Marder aus engen Abflussrohren, sammelt Bienenschwärme in Fußgängerzonen ein oder geht gegen Wespen vor. Bereits im Kinderbuch *Der glückliche Löwe* von 1954 fängt die Feuerwehr den entlaufenen Löwen wieder ein.

Erst der moderne, von der Natur entfremdete Mensch kann sich der lange nur mühsam behaupteten Trennlinie von Wildnis und Kultur, Mensch und Tier sicher sein. Erst diese selbstverständlich gewordene Sicherheit hat es erlaubt, uns selbst im Kontext der Tierwelt zu begreifen und die scharfe Trennlinie erneut zu verwischen. Nun lässt sich das Menschliche im Tier und das Tierische im Menschen behaupten. Am vorläufigen Ende dieses Prozesses stehen sich das empfindsame Tier und der gefühlsverarmte Mensch gegenüber.

6. Mai 2010: 800.000 Liter Erdöl täglich. Ich verfluche dieses Geschlecht von Herzen!

27. Mai 2010: Im Übrigen strömt das Petroleum ungehemmt nach wie vor ins Meer. Ich konzipiere für kommendes Jahr einen Falter mit dem Titel *Kitsch und Gewalt*, in dem ich die Anschauung vertrete, es gäbe in der Welt des Menschen nur ebendas.

8. Juni 2010: Den fünfzigsten Tag strömt jetzt das Petroleum aus. Unten im Haus nisten Rotschwänzchen am steinernen Türsturz in den Säulensaal hinein. Ich bange um das Überleben der Vögelchen, da die Katzen dort ein- und ausgehen … Oben habe ich eine selbstverliebte Schwalbe. Sie sitzt tagsüber stundenlang vor der Spiegelwand auf einem der dort hängenden Herzen und kost mit ihrem Spiegelbild. Nachts wechselt sie in den Ecksaal. Sitzt und schläft dort vor der zweiten Spiegelwand. Sie kann beliebig ein- und ausfliegen, da das Fenster immer offen ist. Seltsamer Fall – mir noch nicht begegnet.

20. Juni 2010: Während ich mit lieben Freunden beim Wein scherze, rinnen seit Wochen täglich angebliche 800.000 Liter Erdöl aus der geborstenen Bohrinsel von BP in die Meere, und alles schöne und unschuldige außermenschliche Leben verreckt elend in der Ölpest. Allerdings versichern Fachleute, in Wahrheit würde die vielleicht zehnfache Menge ausströmen. Ich brauche nicht extra auf andauernde Kriege, Versklavungen, Ver-

gewaltigungen hinweisen. Wirtschaftsweise kommen jedes Jahr ebenso viele Menschen elend um wie in den sechs Jahren des Zweiten Weltkrieges insgesamt. Der Aberglaube, mit Vernunft dem Chaos beizukommen, welches aus losgelassenen massenhaften menschlichen Handlungen entsteht, hat die schrecklichsten Monster geboren, die es je gab. Es wird uns kein schreckliches Ende geschenkt, sondern ein Schrecken ohne Ende verschlägt den Sehenden die Sprache.

18. Juli 2010: Niemand kann ohne Gewalt oder Teilhabe an Gewalt überleben. Ich sähe gerne die vollbelegten Badeplätze der Meeresstrände mit Blut gefärbt: Menschenblut! Sie lägen dann, in meinem Bilde, wie vorher, nur mit durchschnittenen Kehlen, manche etwas verkrümmt in dieser letzten Lust, die ihnen ja das Wichtigste war im Leben. Im Leben, wie sie es verstehen. Lieber noch sähe ich sie in Erdöl ersticken, von dem sie mehr leben als von allem anderen.

27. Juli 2010: Ich habe hierorts angenehme Tage allein, das heißt: ohne Menschen. Ihr gesammeltes Auftreten hier, bei Festen, Gastlichkeiten, kann ich meinen Wünschen entsprechend gestalten: Wer sich nicht entsprechend verhält, wird vertrieben. Ich bin ja nicht einer von denen, die ohne Gewalt auskommen (oder sich das vorlügen). Nein wirklich, ich sage dir, ich empfände eine gewisse Genugtuung bei den von mir beschriebenen Badeständen voller Leichen, im Gegensatz zu dem Ekel, den ich empfinde, sehe ich die sich suhlenden Massen in grausiger Lebendigkeit. Als Kadaver wären sie wenigstens Fischfutter. […] Bist du nun gegen „Selektion“ an und für sich? Oder welche wünschst du dir?

Ich habe mich ja bezüglich der Badestrände eindeutig geäußert … Musste heute erst in der Bank, dann auf der Post warten. Die von den anderen produzierten Geräusche waren so penetrant laut, dass mir der Ekel wieder hochstieg: Ich imaginiere statt zwanzig Toten 1,4 Millionen nach der Love-Parade! usw. und so fort – – – bleibe tapfer!!

10. August 2010: Gut, mein Lieber, lass uns also darüber streiten, ob Selektion ein „naives Heilsversprechen“ ist – oder nicht vielmehr deine Ablehnung derselben. Da ich gerade über einem äußerst feinen Selektionsprodukt sitze (genauer: ins Glas schaue!), macht es mir einen angeregten Nachtisch. Ich empfehle dir Johann und Sighardt Donabaum: Die beiden Winzer sind ein ausreichender Beweis für die Vorteile der klugen Selektion. Soll ich dir gegenüber wirklich die längste Zeit der Wesensentwicklung ins Feld führen?! Die Praktiken aller Urgesellschaften, bis zu den Griechen und Römern?! Was schreibst du mir von den Schwierigkeiten/Schmierigkeiten, die du mit den Kulturkretins hast, wenn du gegen Selektion bist. Dulde doch! Christlich, oder wie?? Ich reagierte nicht mit „Fieber“, sondern mit *Wut*, geschähe mir dergleichen wie dir! Nennen wir doch die Sache einheimisch beim Wort: Es geht um Auswahl, Auslese, Trennschärfe, Entscheidung! Die findet jederzeit – uns weitgehend unbewusst – statt. Willst du dich also auf „bewusste“ Entscheidung, Auswahl, züchterische Auslese beschränken? Na, da bietest du mit deinen Berichten ja das beste Beispiel, wie „demokratische Auslese“ ausschaut. Aber dafür bietet ja die ganze, von Menschen missbrauchte Erde Beispiele ohne

Ende. Ich sah Mittwoch spät in der Nacht einen Film über die Verseuchung der Meere mit Plastik. Und über die wahrscheinlichen Auswirkungen. Jahrhundertelang. Streiten wir um des Kaisers Bart? Ein „Kulturwissenschaftler“, der seinen Titel der Selektion verdankt, ein „Künstler“, der dies gleichfalls tut, einer, der aus lauter Unterscheidungen, Auswahlverfahren entstanden ist, hält also die „Selektion“ für „naiv“. Ja, wenn du *naiv* mit ursprünglich, unschuldig übersetzt, halte ich den Ausdruck für angemessen! Leider haben fast alle Spätzivilisierten diese Unschuld, Einfachheit, Ursprünglichkeit, Kindlichkeit, aus dem Zugehörigkeitsbewusstsein zur Natur entsprungen (Schiller), *verloren.* Für mich stand außer Zweifel, dass jenes Kind, das ich als das meiner Zeugung entstammende betrachten musste, konnte, durfte, wäre es irgend beschädigt gewesen, von mir eigenhändig umgebracht worden wäre (auch hätte sich der Schaden erst später gezeigt). Nun, es war gesund! Die Umstände selektierten es aber zur Mutter: schade drum – – – es stand mir aber keine bessere Wahl zur Möglichkeit.

23. August 2010: Weißt du, ich bin ja nicht gezwungen zu entscheiden: Niemand hört auf mich. Ich hab dir einige konkrete Beispiele genannt, wo ich die Auswahl genieße und wo ich sie mir wünsche. Deine und meine Vorlieben für diesen oder jenen Menschen haben da gar nichts verloren. Du weißt ja, dass ich mein Leben „ohne Ansehung“ der Nähe zu einer Person einrichte. Im Übrigen: Was hält denn schon „ewig“?? Die kurze Zeit, die auf Erden mir gegeben ist, wähle ich, so ich kann, und man kann doch vieles entscheiden, womit und mit wem

ich leben will! Die nächsten Großselektionen stehen ja ohnehin an: blind. Nein, im meinem Wirkungskreis handele ich sehend: *Schönheit* z. B., im altgriechischen Sinn, *Ästhetik*, also „von den Sinnen her“. Die Dekadenz ist meine Sache dabei nicht. Ich liebe das Kräftige, Rotbackige, Leuchtäugige (sah neulich wieder einige Tibetkinder zum Verlieben). Speerwerfen ist meine Art nicht (doch würfe ich gewiss kräftig, käm's darauf an). Aber, wie du weißt, Sensenmähen, Holzmachen etc. – wer das nicht tun will, für den rühr ich keinen Finger, wenn's darauf ankommt. Erhol dich gut!

[ohne Datum]: Lieber Bernhard, ich rede nicht gerne von Krankheiten. Tatsächlich bin ich schon seit zweieinhalb Jahren leidend. Die gestundete Zeit ist abgelaufen. Die Schmerzen sind zu groß geworden. Ich mache ein klassisches Ende. Betrachte dies als meinen letzten Beitrag zu unseren Gesprächen über Selektion.

25. September 2010: Ein bisschen Zeit bleibt noch, ehe ich mich in die Schlinge werfe, mein Lieber, es regnet und ich kann nichts im Garten machen, wie ich es für letzte Stunden vorsah. Also noch arbeiten im Haus, neue Spuren treten, ordnen, notieren, empfehlen. Dich auch wieder und wieder. Du und die anderen, ihr müsst ja weiter durchhalten. Schon aus Trotz gegen den Feind! An meiner trockenen Heiterkeit, meiner Urlaubsstimmung hat sich nichts geändert: Ich erlebe völlig unbeschwerte Herbsttage. Es wird keinen Winter geben …

Zitate aus Briefen, die mir ein Freund nach der Ölkatastrophe im Golf von Mexiko schrieb. Er schrieb mir über lange Jahre immer wieder über Tiere. Feinfühlige

Tiergeschichten, genaue Beobachtungen, die mich an die Gefängnisbriefe der Rosa Luxemburg denken ließen. Doch plötzlich kippte alles, ähnlich wie die Ölplattform Deepwater Horizon. Hier unschuldige, unverdorbene Tiere, dort der schlechte Mensch, der nur eines verdiente, nämlich ausgerottet, hingeschlachtet zu werden. Nur so erhielte die Erde ihre Schönheit, Unschuld und Unberührtheit wieder zurück. Mit solchen Vorstellungen war mein Freund keineswegs allein. Man denke etwa an Hans Wollschläger: „Der Raubmensch, auch diesseits seiner Überrealität, hat viele Gesichter; sie durchgrinsen die Natur, entstellen ihr Antlitz; Feindschaft. In extremen Zeiten verrohen die Menschen, und die Tiere werden Platzhalter der humanen Eigenschaften. [...] Wer das Weiße im Auge der Menschheit gesehen und daneben in das eines Hundes geblickt hat, der weiß: die Menschlichkeit ist schon lange nicht mehr an dem Platz, an den sie gehört. Sie ist verrückt worden, wird weiter verrückt – wohin? Aussicht: ins Nichts. Eine Menschheit, die sich zur Leistung gegen sich selbst außer Stande erklärt, zur utopisch tätigen Hoffnung gegen den Tod, wartet mit Recht auf die Wasserstoffbombe." Nicht viel anders Karlheinz Deschner: „Verdient eine Menschheit, die Trilliarden Tiere tötet, nicht eben das, was sie dem Tier antut? Eine Gesellschaft, die Schlachthäuser und Schlachtfelder verkraftet, ist selber schlachtreif."

All meine Einwände – ich musste auch an Leute denken, die meinen, die Welt dadurch zu verbessern, indem sie bei einem Selbstmordattentat möglichst viele Menschen mit sich in den Tod reißen – waren in den Wind gesprochen. Besonders irritiert war ich, als ich sehen musste, dass selbst bestausgebildete Freunde, unter ihnen einige, die sich lange mit der NS-Zeit beschäftigt haben, keinen Widerspruch gegen seine Gewaltfantasien einlegten. Noch ehe wir uns endgültig zerstritten hatten, erhängte sich mein Freund, um dem selbstgesetzten Ideal gerecht zu werden.

Gute Natur, böser Mensch. Überließe man nur alles der Natur, so würde die Welt wieder heil. Man braucht nur eine der vielen Naturzeitschriften durchzublättern, um zu wissen, dass man mehr über Ängste und Bedürfnisse von Menschen erfährt, die solche Zeitschriften kaufen und lesen, als über Natur oder Tiere. Was als „Natur" behauptet wird, erweist sich bei näherem Hinsehen allzu schnell als Fortsetzung der Warenwelt. Es reicht von der Tourismuswerbung bis hin zu oft genug absurden Gartengeräten. Um ja einen schönen Rasen zu haben – was sollen die Nachbarn denken? –, wird Katzen, Mäusen, Fröschen, Maulwurfsgrillen und andere Wesen mit vielfältigsten Mitteln der Kampf angesagt. Selbst die Ausscheidungen von Regenwürmern, über die sich ein Gärtner eigentlich freuen sollte, werden als störend erlebt. Auf der Toilette liegen die aktuellsten Naturzeitschriften, in denen sich auch genügend Angebote finden, Lebendigem den Kampf anzusagen. Wir leben in einer Manufactum-Welt, in der Sehnsüchte und tatsächliche Wirklichkeit radikal auseinanderklaffen. Je größer der Hunger nach Natur, nach dem Lebendigen, umso weniger Leben findet sich in den zurechtgebastelten Enklaven der Natur. Alles Leben ist auch Teil eines Zerfallsprozesses. Komposthaufen sind ein gutes Beispiel. In den meisten Gärten ist ein Komposthaufen unerwünscht. Wir haben es mit einer Ästhetik der Todesverdrängung zu tun. Man kann sich heute während der warmen Jahreszeit in Baumärkten jede nur erdenkliche Blütenpracht kaufen. Ist eine Pflanze verblüht, so wird sie durch eine blühende ersetzt. Ähnlich lassen sich Tiere einkaufen und, ist man ihrer überdrüssig, entsorgen. Inzwischen wird simulierte Natur oft genug mit Natur verwechselt. Feuchtbiotope sind ein gutes Beispiel. Was als Natur behauptet wird, erweist sich nur zu schnell als artifiziell. Es beginnt mit der Plastikfolie, die meist erforderlich ist, um überhaupt einen Tümpel in einem Garten anzulegen. Oftmals muss der Wasserhaushalt durch den Menschen reguliert werden. Pflanzen und Tiere werden im Fachhandel angeboten und gekauft. Die versammelten Tiere und Pflanzen können völlig unterschiedlichen ökologischen Systemen entstammen. Menschen, die sich, womöglich in einem Baumarkt, ein Insektenhotel zugelegt haben, sind in der Regel unfähig, ökologische Zusammenhänge zu verstehen.

Oft genug hörte ich Leute aus der Stadt beim Anblick einer vollkommen überdüngten Wiese sagen, das sei noch eine wirkliche Wiese, eben Natur. Sie sehen nicht, dass dieser Wiese jedes Bodenleben fehlt. Sie sehen den Ampfer nicht. In der auf Milchwirtschaft spezialisierten Landwirtschaft ist nichts anderes möglich. Die hohe Milchleistung der Kühe verdankt sich entscheidend den auf dem Weltmarkt zusammengekauften Kraftfuttergaben. Nach jedem Mähen werden solche Flächen buchstäblich mit Jauche getränkt. Neben einigen Gräsern und Kleearten wachsen fast nur Storchenschnabel, Hahnenfuß, Löwenzahn, vor allem Ampfer, der die Überdüngung bestens belegt. Es gäbe keinen Klee, würde er nicht regelmäßig eingesät. Das ist notwendig, gelangt doch kaum eine Pflanze zur Samenreife. Solche Grünflächen bilden eine einzige ökologische Wüste. Insekten finden hier wenig Angebote. Die Böden sind durch das Befahren mit schweren Maschinen so verdichtet, dass man nach einer Blindschleiche oder einer Eidechse vergeblich suchen wird. Und sollte sich eine Schlingnatter auf ein solches Grundstück verirren, sie hätte so gut wie keine Überlebenschance. Es mangelte nicht nur am Nahrungsangebot und an Fluchtpunkten wie Gebüschen oder Steinhaufen. Wie andere Tiere wäre sie außerdem durch den Einsatz von Maschinen gefährdet.

Die Betrachtung solcher Flächen setzt einige, etwa botanische Kenntnisse voraus. Einfacher ist es, verlässt man sich auf das Gehör. Man muss sich nur durch einige nebeneinander liegende Habitate bewegen, um den Unterschied wahrzunehmen. Auf intensiv bewirtschafteten Flächen ist kaum eine Grille zu hören, dafür klingt ihr Gezirpe aus jeder wie immer gearteten Brache. Leben wie Vielfalt setzen eine möglichst große Oberfläche voraus, letztlich Unordnung.

Welch traurige Ironie: Seinen Körper überließ mein Freund nicht den Tieren, weder Füchsen noch Krähen, nicht einmal Fliegen und Maden. Obwohl er zeitlebens ein Gegner der Schulmedizin war, verfügte er, dass sein Körper nach seinem Tod zum Zwecke wissenschaftlicher Forschung oder Lehre in ein Formaldehydbad gelegt werde. Er überantwortete ihn einer Wissenschaft, deren Praxis sich eben auch Ölplattformen verdanken. Auch sein künstlerisches Lebenswerk wollte er keinesfalls Mäusen, Insekten oder Pilzen anvertraut wissen. Nein, er vertraute dieses Menschen an, die er nur zu gerne in einer Sintflut umkommen lassen wollte. Hätte er sein Lebenswerk Museumskäfern und Mäusen anvertraut, es wäre besser aufgehoben gewesen.

Noch im Mittelalter gab es weit mehr wild lebende als domestizierte Tiere. Felder und Haustiere mussten geschützt werden. Über lange Jahrhunderte war der Ertrag menschlicher Arbeit durch Wildtiere bedroht. Raubtiere wie der Wolf, der Bär oder der Luchs wurden in Mitteleuropa im neunzehnten Jahrhundert weitgehend ausgerottet. Im Zuge von Urbanisierung und großflächiger Landschaftsnutzung, sei es durch Industrie oder Landwirtschaft, gingen Lebensräume verloren. Viele Wildtiere wurden in waldreiche und schwer zugängliche Gebiete zurückgedrängt. Dazu kamen noch die ersten industriell produzierten Zäune – das Patent für Stacheldraht fällt in das Jahr 1873 – mit deren Hilfe sich landwirtschaftlich genutzte Flächen wirksam schützen ließen. Und fanden sich noch Raubtiere, dann in Zoos, hinter Sperrgittern oder in tiefen Gräben. Ohne jede Gefahr ließen sie sich aus der Nähe betrachten. Tierliebe ist ein zutiefst urbanes Phänomen. Diese Gefühlsregung verdankt sich der vorangegangenen Vertreibung der Tiere.

Frühe Tierliebhaber haben, in Unkenntnis ökologischer Zusammenhänge und stets an die Möglichkeit einer heilen Welt glaubend, auch zur Vertreibung der Tiere beigetragen. Man denke etwa an die erfolgreiche Kochbuchautorin Katharina Prato und ihre rührenden Tiergeschichten. Den Fröschen im Teich, den Wespen, Hummeln und Hornissen sagte sie den Kampf an, natürlich auch Schlangen wie der Kreuzotter: „Da der Biss ihrer feinen, selbst Tuch und dünnes Leder durchdringenden Giftzähne sehr gefährlich ist, so sollen sie womöglich erschlagen oder erschossen werden."

Wie sehr sich unsere Tiervorstellungen geändert haben, wird offensichtlich, blättert man Zeitschriften durch, die sich im ausgehenden neunzehnten Jahrhundert an ein Massenpublikum wandten. Als Beispiel sei das erfolgreiche französische Boulevardblatt *Le Petit Journal* genannt, welches von Kriminalgeschichten, Unfällen, Tragödien, Sensationen und Skandalen aller Art lebte. In einer wöchentlichen Beilage wurden ab 1890 Abbildungen in Farbe abgedruckt. Schaut man sich die 1234 Titelabbildungen an – zwischen 1890 und dem Ausbruch des Ersten Weltkrieges veröffentlicht –, dann fallen einem die vielen Tiertragödien auf. Um Mitgefühl mit Tieren ging es dabei allerdings nicht. Zumeist figurieren Tiere als Ursache eines Unglücks. Menschen werden von Ochsen- oder Pferdefuhrwerken überrollt. Auf einer der Abbildungen ist die Kollision eines Zuges mit einem indischen Elefanten zu sehen, was die Entgleisung des Zuges zur Folge hat. Immer wieder tauchen gefährliche Tiere auf: Eine Boa erdrosselt einen Wärter. Ein Adler trägt in alpiner Landschaft – es sind einfache bäuerliche Gebäude zu sehen – zum Schrecken der Mutter ein Kind mit sich fort. Ein Tiger tötet einen Leutnant der Infanterie. Ein auf einem Jahrmarkt entkommener Bär reißt ein Pferd und fällt einen Passanten an. Polizisten erschießen das Tier. Ein Rudel Wölfe zerfleischt die Beine eines Mannes, der sich an einem Baum erhängt hat. Mehrfach fallen Löwen oder andere

Raubkatzen Jäger oder Dompteure an. Auf zwei Abbildungen begeben sich Lebensmüde in Raubtierkäfige. Eine Frau wird von einem Eisbären, ein Mann von einem Löwen zerfleischt. Nur in Ausnahmefällen sind Tiere wohlwollend dargestellt, etwa dann, wenn ein Hund ein Kind vor dem sicheren Ertrinken rettet.

Bis in die Mitte des zwanzigsten Jahrhunderts waren im Alpenraum Kühe in den Dörfern allgegenwärtig. In kleinbäuerlich geprägten Regionen gab es kaum ein Haus, in dessen Stall nicht zwei oder drei Kühe standen. Schweine und Hühner seien nicht vergessen, ideale Abfallverwerter im subsistenzwirtschaftlichen Gefüge kleiner Bauern. Kühe wurden auf Weiden getrieben, vor den ersten Selbsttränken zwei Mal täglich zu einem Brunnen. Ursprünglich lebten die meisten kleinen Bauern des Alpenraumes in Stallwohnungen. Hier kochten, aßen und schliefen sie. Frauen brachten (nicht nur in der Bibel) ihre Kinder in Ställen zur Welt, nur notdürftig von den Tieren abgegrenzt, zumindest Wand an Wand, so nahe, dass sie nachts das Atmen und Wiederkäuen der Kühe hörten. In manchen Regionen gab es solche Stallwohnungen noch in der ersten Hälfte des zwanzigsten Jahrhunderts. Giovanni Segantini etwa ließ sich davon inspirieren. Nach der Trennung von Stall- und Wohnbereich teilten Kühe mit Menschen immer noch den öffentlichen Raum. Man lebte mit Tieren, die irgendwann auch geschlachtet wurden. Geschlachtet wurde nicht irgendwo. Wer in einem Dorf lebte, war an den Anblick des Schlachtens gewöhnt. Heute sind die Räume von Nutztieren endgültig von jenen der Menschen geschieden. Nutztiere sind aus den Dörfern weitgehend verschwunden. Geschlachtet wird in großen Betrieben, in die niemand mehr einen Fuß setzt, der dort nichts verloren hat.

Bereits im neunzehnten Jahrhundert wurde der Abstand zwischen jenen Orten, wo Tiere gefüttert, und denen, wo Tiere geschlachtet wurden, zunehmend größer. Die Eisenbahn und die Möglichkeit, künstliche Kälte zu erzeugen, schufen die Voraussetzungen für die Fleischindustrie. Nahezu zeitgleich wurden die Hinrichtungsstätten hinter hohe Mauern verlagert und in vielen Städten Europas Schlachthöfe in der Peripherie errichtet. Neben ökonomischen Interessen oder der Tatsache, dass sich eine Fleischbeschau nur in zentralen Schlachthöfen durchführen lässt, ging es auch darum, die Sinne eines empfindlicher gewordenen Publikums zu schonen. Der Gestank der Schlachtereien stand im Verdacht, Ursache vieler Krankheiten zu sein. Da sich das Schlachten von Tieren erst allmählich auf die großen Schlachthöfe konzentrieren ließ, gab es nach wie vor Metzger, die selbst schlachteten. Zunehmend schrieben gesetzliche Regelungen das Schlachten in geschlossenen Räumen vor. Gedacht wurde dabei besonders an Kinder; der Anblick des Tötens habe eine Verrohung des Gemüts zur Folge. In die Diskussion um Frankreichs erstes Tierschutzgesetz fällt ein Zeitungsbericht über einen Jungen auf dem Land, der seine kleinere Schwester mit einem Messer tötete, nachdem er zugesehen hatte, wie ein Schwein geschlachtet wurde. Wer in der Nähe eines Schlachthauses aufwachse, gewöhne sich an den Anblick des Blutes und an das Leid der Tiere. Die ersten

Tierschutzgesetze stellten die Misshandlung von Tieren nur dann unter Strafe, wenn diese in der Öffentlichkeit erfolgte.

Das Motiv vom Jungen, der seine Schwester tötet, nachdem er beim Schlachten zugesehen hat, findet sich bereits im Grimm'schen Märchen *Wie Kinder Schlachtens miteinander gespielt haben*. In dieser Version stirbt nicht nur das Kind, welches das Schwein spielen muss. In einer absurden Kettenreaktion folgt ein Tod dem anderen: Die Mutter, die gerade ihr jüngstes Kind badet, läuft, als sie das Geschrei hört, aus dem Haus. Sie sieht das Unglück, zieht das Messer aus dem Hals des einen Kindes und sticht es dem anderen, das den Metzger gespielt hat, tief ins Herz. In der Zwischenzeit ertrinkt das jüngste Kind im Bad. In ihrer Verzweiflung erhängt sich die Frau. Der heimkehrende Mann stirbt aus Gram.

Im Zuge der Industrialisierung kam es zu einer grundlegenden Entmischung der Räume. Dies hat die Wahrnehmungsmöglichkeiten und Erfahrungen der Menschen entscheidend bestimmt. Die Tierschutzbewegung verdankt sich der Industrialisierung, zeitgleich mit den ersten großen Schlachthöfen taucht sie auf. Forderten die frühen Tierschützer noch, das Schlachten dürfe nur in geschlossenen Räumen geschehen, so sollte es nicht viel später heißen: „Wenn Schlachthäuser gläserne Wände hätten …" Heute konfrontieren uns Tierschützer mit ekelerregenden Bildern aus Schlachthöfen und Massentierhaltungsbetrieben, nicht selten im öffentlichen Raum. Über den öffentlichen Raum hat die Tierschutzbewegung nie ernsthaft nachgedacht. Dabei liest sich die Tierschutzbewegung als Geschichte des öffentlichen Raumes.

Beim bäuerlichen Schlachten waren die verwendeten Geräte einfach, die Arbeit setzte aber bei aller Routine ein kompliziertes Zusammenspiel von verschiedensten Personen voraus. Das Blut musste aufgefangen und gerührt, die Därme geputzt werden. Im Ofen sollte ein gutes Feuer brennen. Die Blutwurstmasse musste zubereitet und in die vorbereiteten Dickdärme gefüllt werden. Das Abfüllen erforderte zwei Personen: Während der eine den Darm aufspreizte, füllte der andere die Blutsuppe mit einem Schöpfer ein und band den gefüllten Darm mit Spagat zu. In den Taschen der Metzger meiner Kindheit waren noch alle Geräte versammelt, die für das Töten und Zerlegen eines Tieres notwendig waren. Jedem Arbeitsschritt und jedem Körperteil des Tieres waren bestimmte Geräte zugeordnet: Schussapparat, verschiedenste Messer, eine Glocke zum Abschaben der Borsten, Sägen, Hacken und ein Wetzstahl zum Schleifen der Messer. Der Metzger kam in Gummistiefeln und hatte eine weiße Plastikschürze unter seinem Arm.

In den großen Schlachthöfen sind alle Handlungsabläufe konsequent entmischt. Die Struktur der Fleischindustrie ist höchst komplex, eine Vielzahl von Bewegungen muss möglichst exakt aufeinander abgestimmt sein, die Handgriffe und Bewegungen jener Menschen, die sich in den Räumen bewegen, sind dagegen denkbar einfach und stereotyp. Tagein, tagaus sind sie damit beschäftigt, Hühner in Halterungen zu hängen, Aufzüge zu bedienen oder Tierkörper an den immer gleichen

Stellen in Teile zu zerschneiden. In der tayloristischen Zerlegung der Arbeitsvorgänge in kleinste Einheiten wurde das Prinzip des Fließbands vorweggenommen. Die „assembly line“, das Fließband, wurde zum ersten Mal um 1910 bei Ford für die Produktion des Modells T eingesetzt. Sein Vorläufermodell findet sich in der „disassembly line“, die eingeführt wurde, um Schweine arbeitsteilig zu zerlegen und zu verpacken. Erstmals wurde dieses Prinzip in Cincinnati in die Praxis umgesetzt. Damals hingen die geschlachteten Schweine an einer rundlaufenden Kette. Die „disassembly line“ gab nicht nur eine bestimmte Geschwindigkeit vor, sondern legte jeden Arbeitsschritt exakt fest, ohne dass der einzelne Arbeiter wie im tayloristischen Konzept von Vorarbeitern dahingehend hätte „abgerichtet“ werden müssen, exakte Handbewegungen in einer vorgegebenen Zeit auszuführen. Fortan fand sich der Vorarbeiter in einer technischen Einrichtung wieder, im Band, welches die einzelnen Arbeiter zwang, so zu arbeiten, dass sie kräfteschonend Schritt halten konnten. Analog zur Zerlegung der Tiere wurden die einzelnen Arbeitsschritte voneinander getrennt: Betäuben, Ausbluten, Aufhängen, Brühen, Entborsten, Säubern, Entfernen von Augen, Ohren, Zunge und Eingeweiden, Spalten des am Band hängenden Tierkörpers und so weiter bis in die Kühlhalle, wo sich, wie Upton Sinclair schreibt, „ein Fremder in einem Wald gefrierender Schweine verirren könnte“. Die „disassembly line“ ermöglichte einen enormen Beschleunigungsschub, der in der kurzen Zeit offensichtlich wird, die es benötigte, ein Schwein zu abzupacken.

Die Entmischung trennt zwischen Innen und Außen, zwischen jenen, die Produkte herstellen, und jenen, die sie verbrauchen; sie trennt zwischen oben und unten, links und rechts, bis in kleinste Einheiten. Diese Trennung bezieht sich auch auf jene, die im Produktionsprozess beschäftigt sind: strikt „getrennte Individuen". Wurde beim bäuerlichen Schlachten noch zusammengearbeitet, ist dieses konkrete, an Gesten oder Zeichen gebundene Zusammenwirken in den Schlachthöfen aufgehoben. Auch dies kündigte sich bereits mit den Eisenbahnen im neunzehnten Jahrhundert an. Die Eisenbahn versprach, Orte und Menschen mit Hilfe von Schienen, Brücken, Unterführungen und Tunnels miteinander zu verbinden, tatsächlich erwies sich ihre segregierende Wirkung als stärker. Aktionäre, Logistikexperten, Stationsvorsteher, Fahrkartenkontrolleure, Zugführer und Weichensteller sind zwar durch eine komplexe Struktur miteinander verbunden, tatsächlich ist diese aber nur noch in jeweils unterschiedlichen und kleinsten Ausschnitten erfahrbar. Wie der Aktionär nichts über die Arbeitsbedingungen eines Weichenstellers oder Bauern weiß, so kennen diese nur noch jene Bereiche, in denen sie tätig sind, obwohl ihre Arbeit an Ereignisse und Entscheidungen gebunden ist, die an anderen Orten geschehen bzw. getroffen werden. Die Blindheit für den Gesamtzusammenhang verbindet Tierschützer, die nicht müde werden, das Tieren zugefügte Leid anzuprangern, mit allen anderen Akteuren des Feldes. Aktionäre, die durch die Packerindustrie reich wurden, schickten Kunstsachverständige nach Europa, um all das für amerikanische Museen zusammenzukaufen, was gut und teuer war, von mittelalterlichen Flügelaltären bis hin zu zeitgenössischer Kunst.

Das Töten stellte als bedeutsame Handlung immer schon einen tiefen Einschnitt dar. In den Schlachthöfen gibt es diesen Einschnitt nicht mehr. Das einzelne Tier kommt als geschichtsloses Material herein und ist schon tot, bevor es getötet wird. Sein ganzes Leben ist auf diesen Punkt ausgerichtet. Dadurch ist sein Tod längst vorweggenommen. Dies gilt zwar auch für das Schwein eines kleinen Bauern, aber die kleinbäuerliche Kultur kannte noch das einzelne Tier, während es dieses in der heutigen Massentierhaltung ebenso wenig geben kann wie in den Schlachthöfen. Schlachthöfe ertragen viel, nur nicht das Lebendige. Dem wird – angefangen bei den Schweinen und ihren Lebensäußerungen bis hin zu den Mikroben – der Kampf angesagt. Der Tod findet nicht mehr statt. Zum einen, weil er nicht mehr sichtbar ist, sich nicht mehr im öffentlichen Raum vollzieht. Zum anderen, weil in den Schlachtbetrieben nur noch Material abgearbeitet wird und der Tod jede symbolische Bedeutung verloren hat. Während Bolzenschussapparate oder elektrische Zangen noch einen Menschen zur Bedienung voraussetzen, ist die Betäubung von Schweinen mit Hilfe von Kohlendioxid weitgehend automatisiert. Wer genau tötet das Schwein? Der Mann, der ihnen den Entblutungsschlauch in den Hals bohrt? Dieser ist nur für das Entbluten zuständig.

Die bäuerliche Kultur wusste um die Verbindung von Verzehr und Tod. Das Schlachtessen ließ weder vergessen, dass getötet, noch, welches Tier getötet wurde. Der Tötungsakt erforderte zumindest bei größeren Tieren, dass bestimmte Teile davon an andere abgegeben wurden oder andere am gemeinsamen Essen teilnehmen mussten. Besonders beim Schwein erwies sich das erste Essen als Totenmahl für das Tier. Da lagen die Blutwürste in der Mitte des Tisches. Meist wurde dabei das Fleisch gelobt, selbst das eines notgeschlachteten Tieres. Geschlachtet konnte erst werden, wenn sich das Schwein schuldig gemacht hatte. Das hört sich eigenartig an, aber man sagte, dieses oder jenes Schwein tue nicht mehr recht oder es sei böse – es müsse geschlachtet werden. *Böse* hatte eine Vielzahl von Bedeutungen; es konnte auch im Sinne von *krank* verwendet werden. Dabei wurde das Schwein einzig deshalb gefüttert, um getötet und verzehrt zu werden. Wurden Kühe oder Stiere geschlachtet, so fing man das Blut in einem Kübel auf und leerte es in den Trog der Schweine, die ihren Kopf tief in die rote Suppe steckten und das warme Blut mit solcher Gier tranken, dass die ausgestoßenen Luftblasen das Blut scheinbar aufkochen ließen. Die Köpfe der Schweine waren schließlich bis über die Ohren rot bespritzt. Den Schweinen stand dieses Blut zu. Gleichzeitig nahm dieses Blut ihren eigenen Tod vorweg. Wurde ein Tier geschlachtet, so forderte der Stall seinen Teil. So lange die Menschen in einem Funktionskreis mit Tieren aufgehoben waren, bedurfte jede Tötung eines symbolischen Äquivalents, mochten die Vorstellungen und Praktiken in den einzelnen Kulturen auch sehr verschieden sein. Ein Inuit erklärte es Knut Rasmussen folgendermaßen: „Die größte Gefahr des Lebens liegt darin, dass die Nahrung der Menschen gänzlich aus Seelen besteht. Alle Tiere, die wir töten und essen, haben Seelen, wie wir sie haben, Seelen, die nicht mit dem Körper vergehen und versöhnt werden müssen, damit sie sich nicht rächen, weil wir ihnen den Körper genommen haben.“ Ob in archaischen Gesellschaften oder beim kleinen Bauern, überall finden sich Rituale, die dazu dienen, den Tötungsakt zeremoniell zu verarbeiten. Kehren Schlachtabfälle, zu Viehfutter verarbeitet, in den Stall zurück, ist dies eine Frage möglichen Gewinns, keine des symbolischen Tauschs. Schlachten in der kleinbäuerlichen Kultur kannte die Erinnerung an das Opfer. In den damit verbundenen Vorstellungen wurde durch den Akt des Tötens ein bestehendes Gleichgewicht gestört. Deshalb war es notwendig, wieder etwas abzugeben. Jede Opferhandlung kennt dieses Zurückgeben, ganz gleich, ob nun Milch, Wasser oder Blut verschüttet wird, Kerzen angezündet, Blumen oder Getreidekörner auf der Erde ausgestreut werden.

Moderne Tierschutzgesetze betrachten Tiere nicht mehr als „Sache“, sondern als „Lebewesen“. Der Schutz vor Quälereien gilt dem Tier schlechthin, unabhängig davon, ob es jemandem gehört oder nicht, ob es als nützlich oder schädlich gilt und ob es dem Jagdrecht unterliegt oder nicht. Gleichzeitig wurde noch nie in der Geschichte der Menschheit so viel Fleisch verzehrt, und man muss hinzufügen: vernichtet. Im neunzehnten Jahrhundert lag in Österreich der Pro-Kopf-Verbrauch an Fleisch gerade einmal bei durchschnittlich 14 Kilogramm jährlich. Zwischen 1961 und 2007 stieg der Fleischkonsum von durchschnittlich 64 auf 88 Kilogramm pro Kopf und Jahr. Weltweit geschlachtete Tiere im Jahr 2011: 24 Millionen Büffel, 296 Millionen Rinder, 430 Millionen Ziegen, 517 Millionen Schafe, 659 Millionen Gänse und Perlhühner, 654 Millionen Truthähne, 1,383 Milliarden Schweine, 2,817 Milliarden Enten, 58,11 Milliarden Hühner. Tierliebe wie Massentierhaltung und der damit verbundene enorme Fleischkonsum sind nur zwei Seiten einer Medaille. Im einen wie im anderen spiegelt sich eine grundlegende Entfremdung des heutigen Menschen von der Natur.

Schopenhauer hätte besser daran getan, sich – statt mit rührseligen Tierschicksalen – mit Verpackung zu beschäftigen. Nun, zu seiner Zeit stand die Verpackung noch am Anfang. Aber in der Packerindustrie, also in den Schlachthöfen von Chicago und Cincinnati, wurde all das bereits vorweggenommen. Tiere wurden nur noch als Material betrachtet, als Fleisch, Fett, Leder oder Horn. Verpacktes Fleisch verweist weder auf ein konkretes Tier noch auf Menschen, die mit eben diesem Tier zu tun hatten. Bemühen heute Lebensmittelketten Slogans wie *Zurück zum Ursprung*, *Herkunftskontrolle*, *Bauernhofgarantie* etc., dann bezeichnet dies einzig die verloren gegangene Verbindung von Tierhaltung und Konsum.

Ein wesentliches Merkmal aller Verbrauchsgüter liegt in ihrer Geschichtslosigkeit. Neben allen anderen Funktionen, die der Verpackung zukommen, ist die wohl wichtigste, die Unberührtheit des Produktes zu garantieren. Wer immer eine Verpackung öffnet, öffnet sie zum ersten Mal. Der Gegenstand in der Verpackung scheint jungfräulich, unverbraucht, neu, sauber, ohne Lebensspuren, keimfrei. Es scheint, als sei der Inhalt nie von schmutzigen, fremden Fingern berührt worden. Die Verpackung gibt dem Gegenstand Form und Halt. Sie schafft nicht nur eine Trennschicht zwischen dem Objekt der Verpackung und der Umwelt, vielmehr schafft sie unterschiedliche Seinsstufen des Objektes selbst. Wird ein Gegenstand am Ende seiner industriellen Fertigung verpackt, so wird all das gelöscht, was bislang zu seiner Herstellung nötig war oder getan werden musste. Die Verpackung hat die Funktion, den Gegenstand ruhigzustellen. Diese Ruhephase folgt auf die dynamische Phase seiner Herstellung und geht jener nicht weniger unruhigen Phase des Verzehrs, der Abnützung oder Zerstörung voraus. Unverpackte Dinge haben etwas Obszönes, besonders auf Nahrungsmittel trifft dies zu. Ihre durch die Verpackung simulierte Neutralität gewinnt dort an Bedeutung, wo der Gegenstand des Verzehrs verschiedenen Tabus unterliegt. Man stelle sich Fleisch vor, welches auf den Produktionsprozess verwiese, auf das Schreien der Tiere, den Gestank, die Fließbänder, den Schweiß der Arbeiter, ihre ewig gleichen Bewegungen, ihr Warten auf das Ende der Schicht, ihre Gedanken, die in die Ferne schweifen. Wenn Verkäuferinnen Fleisch, Wurst, Brot oder Milchprodukte mit Zangen oder Handschuhen berühren, dann denken wir zuerst an jenen Schmutz, der von Fingern und Händen auf die Nahrung gelangen könnte. Tatsächlich wollen wir jedoch nicht mehr daran erinnert werden, dass Produkte ihre Geschichte haben. Es ist weniger eine Frage der Hygiene als eine der symbolischen Befriedung. Industriell gefertigte Waren teilen uns ihre Geschichte nicht mit. Das Fleisch, welches wir kaufen, ist geschichtslos. Die Verpackung bietet uns einen Ersatz für diesen Mangel an Geschichte. Sie hilft uns, über jene Bedingungen hinwegzusehen, die unabdingbar mit der Herstellung des Produktes verknüpft sind. Ginge es allein um Rinder, Schweine oder Geflügel! Jedes Stück Fleisch, welches wir verzehren, ist auch mit menschlichen Erfahrungen verbunden. Die Verpackung bringt das Ding zum Leuchten und lässt so an eine andere Oberfläche der Warenwelt denken, nämlich an die Werbung. Werbung gibt vor, ein Fenster in die Welt der Waren zu sein. Dieses Fenster ist jedoch blind, bestenfalls reflektiert es die Wünsche und Ängste jener, die hineinblicken.

Man stelle sich Rembrandts geschlachteten Ochsen in einem hell ausgeleuchteten, gekachelten Raum vor, in einem Raum, der heutigen Hygienestandards entspricht, vor kalten und nüchternen Materialien, an denen nichts haften bleibt. Bezugnehmend auf Paul Scheerbarts Glasarchitektur schreibt Walter Benjamin, so würden Räume geschaffen, in denen es schwer sei, Spuren zu hinterlassen. Was der eine hoffte, der andere dagegen befürchtete, ist nun zur grausamen Gewissheit geworden: Das „Glas-Milieu“ hat den Menschen zu einem anderen Menschen gemacht. Rembrandts geschlachteter Ochse hängt heute in sterilen, keimfreien Räumen, herausgelöst aus allem Lebendigen, eingefügt in die Konsumwelt.

Das kunstfertige Tranchieren zählte im neunzehnten Jahrhundert zu den prominenten Gesten der bürgerlichen Tafel. Während in den großen Schlachthöfen Tiere im Akkord getötet und zerlegt wurden, entwickelte sich das Zerlegen des Tieres zu einem gesellschaftlichen Akt des Hausherrn, des Gastgebers oder seiner Gehilfen. Die Kunst des Tranchierens bildete das absurde Gegenstück zur beginnenden Industrialisierung der Fleischproduktion. Der Gegensatz zu den Schlachthöfen und Fabriken hätte nicht größer sein können. In den Schlachthöfen bewegten sich schweißgebadete Körper, die in der Zeit, die das Tranchieren eines Kapauns erforderte, eine Unzahl von Schweinen zerlegten. Während es dort stank, duftete es hier, während dort alles im Schmutz versank, verwandelte sich hier jede noch so kleine Unordnung schon nach kürzester Zeit in behagliche Ordnung. Dennoch lassen sich beide Orte nicht isoliert voneinander denken. Den Überfluss an Bratenstücken und Zeit gab es nur, weil er andernorts abgeschöpft wurde, die Tafel konnte sich endlos in die Länge ziehen, weil andere dem strikten Reglement kleinteiliger Abläufe unterworfen waren. Im Bild der bürgerlichen Tafel spiegelt sich die industrielle Produktion von Gütern, der das Bürgertum letztlich seinen Wohlstand verdankt. Im kunstvollen Tranchieren zeigt sich das Kippbild einer Gesellschaft, in der alle menschlichen Beziehungen und Erfahrungen zunehmend zerhackt und atomisiert werden.

Im sechzehnten Jahrhundert wurde das Verhältnis der Essenden zueinander allmählich ebenso neu bestimmt wie das Verhältnis der Essenden zu dem, was gegessen wurde. Der erste entscheidende Hinweis auf diesen Bruch findet sich in den vielen Verhaltensregeln der Zeit. So sollte möglichst unauffällig gegessen werden. Anstößig sei es, in Brei und Mus zu blasen, das Tischtuch oder das Kleid zu bekleckern, wieder in die Schüssel zu legen, was einem aus Ungeschick entfallen sei, sich beim Essen über die Schüssel zu beugen, an den Speisen zu riechen, etwas vom Mund wieder auf den Tisch oder in die Schüssel zurückzulegen oder gar auf den Fußboden zu werfen, den anderen etwas wegzuessen, zu viel auf einmal in den Mund zu nehmen oder vom Wein zu trinken, ehe das Gekaute geschluckt worden sei, sich am Kopf zu kratzen, sich die Finger, welche die Nase geputzt haben, am Tischtuch abzuwischen, sich mit Arm und Ellbogen auf dem Tisch aufzustützen, zu rülpsen und furzen, zu laut zu sein, zu viel zu sprechen, mit schmutzigen Händen zu essen. Es sei anständiger, mit den Fingern der sorgfältig gewaschenen Hand in das Salzfass zu greifen, als das Salz mit dem Messer zu nehmen, mit dem man vielleicht vor wenigen Stunden einer Katze das Fell abgezogen habe. Immer noch wurde aus einer gemeinsamen Schüssel gegessen. Aber die zunehmende Betonung von Sauberkeit und Selbstkontrolle zeigt, dass damals der Abstand zwischen den Menschen größer wurde. Das Auseinanderrücken der Essenden spiegelt sich in der Verwendung des Essbestecks, welches damals in Gebrauch kam. Messer, bislang vielseitig eingesetzte Instrumente, wurden plötzlich nur noch zum Essen verwendet. Die Gabel trat an die Stelle der Finger, die bisher das Fleisch beim Schneiden festhielten. Teller oder Holzbrettchen wurden zwar lange vor dem Essbesteck verwendet, aber mit der Einführung des Essbestecks wurden auch sie neu bewertet. Eine wichtige Funktion des Tellers bestand fortan darin, das Eigene klar von Fremdem zu scheiden. Nicht länger tunkte man das Brot in die in der Mitte des Tisches platzierte Schüssel. Ökonomische Prozesse schufen die Voraussetzung für das, was sich da an den Tischen des sechzehnten Jahrhunderts abzuzeichnen begann. Die damals entwickelten Vorstellungen von Individualität reflektieren die zunehmende Bedeutung des Handels. Kaufleute konnten nur erfolgreich sein, wenn es ihnen gelang, sich von Herkunft und sozialen Bindungen zu emanzipieren. Ein geschlachtetes Schwein ließ sich plötzlich als isoliertes und isolierbares Objekt verstehen, als Fleisch, als Ware unter anderen Waren, übersetzbar in Zahlungsmittel, abgelöst von jedem Ort und jeder Geschichte. Es ist kein Zufall, dass in der Malerei Porträts zur selben Zeit auftauchen wie geschlachtete Tierkadaver oder Stillleben, auf denen Tiere, Teile von Tieren, Früchte oder andere Dinge zu sehen sind.

Heute essen wir buchstäblich Trennkost. Gab es bislang die Trennung zwischen jenen, die Schweinefleisch essen, und jenen, welche dieses als unrein betrachten, die Trennung zwischen jenen, die Fleisch essen, und jenen, die sich fleischlos ernähren, so haben wir es heute mit einem vollkommenen Durcheinander an Speisevorschriften und Nahrungstabus zu tun. Übergewichtige, Untergewichtige, Allergiker, Herz-, Leber-, Nieren-, Magen- und Rheumakranke, sie alle benötigen einen eigenen Menüplan, was gemeinsames Kochen und Essen nahezu unmöglich macht. Unser Verhältnis zu Tieren ist ein deutlicher Hinweis darauf, dass das Gefüge der Essenden und somit auch jenes des gesellschaftlichen Austauschs zunehmend brüchiger wird.

Liest man sich durch Zukunftsromane des frühen zwanzigsten Jahrhunderts, dann scheint eine vegetarische Ernährung ein großes Humanisierungsversprechen gewesen zu sein. Das Backwerk, welches wie ein Braten schmeckt, ähnlich einem saftigen, jungen Rebhuhn – nichts anderes als eine in der Fabrik produzierte Eiweißsubstanz. Solche Substanzen, die, will man den Zeitreisenden glauben, sehr nahrhaft sein sollen, werden zumeist in Form von Pillen oder auch als Flüssigkeiten eingenommen. Eine Möglichkeit, das Fleisch getöteter Tiere zu ersetzen, bildet Kunstfleisch, welches in Nährlösungen unter Anwendung wachstumsfördernder Hormone gezüchtet wird. Das Verfahren verdankt sich der Beobachtung, dass sich abgeschnittene Finger, Kaninchenohren, Hundeherzen, Köpfe von Schafen wie auch Gehirne in Nährlösungen am Leben erhalten lassen, mehr noch, dass sich abgetrenntes Fleisch zum Wachstum anregen lässt.

Zu Beginn des zwanzigsten Jahrhunderts handelte es sich bei solchen Vorstellungen keineswegs nur um Produkte einer üppigen Fantasie. Namhafte Wissenschaftler waren überzeugt, dass sich die Menschen schon in absehbarer Zukunft von Nahrungspillen oder synthetisch hergestellter Nahrung ernähren würden. Der damals berühmte Biologe J. B. S. Haldane war der Überzeugung, in 120 Jahren würde eine diesbezüglich „völlig befriedigende Diät“ auf breiter kommerzieller Basis eingeführt sein. Dies erfolge auf chemischer Grundlage oder mit Hilfe von Mikroorganismen. Zucker und Stärke würden ungefähr so billig sein wie Sägespäne. Außerdem würde es gelingen, Nahrung selbst aus Kohle und atmosphärischem Stickstoff herzustellen: „Die synthetische Nahrung wird den Blumengarten und die Fabrik an die Stelle des Düngerhaufens und des Schlachthauses setzen und schließlich der Stadt völliges Selbstgenügen vermitteln.“

Dann die große Überraschung: Die wohlorganisierten Gesellschaften, in denen alle Bedürfnisse befriedigt sind und Arbeit überflüssig geworden ist, die kein Tierleid mehr kennen, in denen jeder Fleischverzehr heftigste Ekelgefühle zur Folge hätte, erweisen sich schlussendlich als besonders unmenschlich. In Ri Tokkos *Das Automatenzeitalter* (1931) begeben sich alle jene, die vom vorgegebenen Ideal abweichen, indem sie etwa erblindet sind – und sei es durch fremde Schuld –, aus eigenem Antrieb in die „Halle des Vergessens“, und zwar nicht in Begleitung von Menschen, sondern einer Maschine. Sie werden vernichtet. Nicht viel anders enden die glücklichen Menschen in Franz Werfels utopischem Roman *Stern der Ungeborenen* (1946), die sich durch eine hochkalorische Flüssigkeit ernähren. Wem der Tod (das Wort darf nicht ausgesprochen werden) bestimmt ist, der wird in dem im Erdinneren gelegenen „Wintergarten“ durch ein retrogenetisches Verfahren zurückverwandelt, um schließlich als eine von Abermillionen Margeriten auf einem Acker zu landen. Freiwillig fügen sich die Menschen in die fabriksmäßig organisierte Entsorgung. Am Eingang zum Wintergarten sind

Schrifttafeln mit der Weisung *Vertraue dem Animator und seinen Badedienern!* angebracht. Unbehagen überfällt nur den Zeitreisenden: „Ich spürte aber sofort, daß der gute behagliche Empfang einen bestimmten Zweck hatte. Alles sollte hier schnell gehen, ehe man recht zur Besinnung kam. Während man einander anlachte und ankomplimentierte, wurden Herren und Damen und vorzüglich die Ehepaare unmerklich voneinander getrennt. So betrog man sie über den Schmerz des Abschieds hinweg."

All das hat bereits Edward Bulwer-Lytton in seinem utopischen Roman *Das kommende Geschlecht* (1871) vorweggenommen. Dem Erzähler – er fällt durch einen Felsspalt eines Bergwerks in eine tief im Inneren der Erde liegende, unbekannte Welt – droht die Vivisektion, vernichten die dort lebenden „Vril-ya" doch alle fleischfressenden Tiere wegen ihrer gefährlichen Natur. Seine Zähne zeigen nur zu deutlich, dass sie es mit einem Fleischfresser zu tun haben. Unter die „Vril-ya" geraten, schwebt der Erzähler in ständiger Gefahr, in ein Aschehäufchen verwandelt zu werden, insbesondere dann, sollte er dem Werben eines Mädchens nachgeben, drohte doch aus einer solchen Verbindung ein Kind „mit Zähnen von Fleischfressern" hervorzugehen.

Jeremy Bentham ließ seinen Körper zu einem Schaustück verarbeiten. So gedachte er im Diesseits weiterzuleben, Teil der Gesellschaft zu bleiben, mit der er abends oft getafelt hatte. Seine Freunde und Schüler sollten sich, so wünschte er es in seinem Testament, regelmäßig „zum Gedenken meiner Geburt und meines

Todes“ versammeln. Und er selbst wollte an diesen Versammlungen teilnehmen: „Es ist mein Wunsch, dass in diesem Falle mein Testamentsvollstrecker veranlasst, dass mein Skelett bei einer solchen Zusammenkunft auf einem geziemenden Stuhl an das Kopfende eines Tisches platziert wird, ganz so wie man bei einer öffentlichen Versammlung für gewöhnlich den Vorsitzenden platziert.“ Der Erfinder einer Überwachungsmaschine wandelte sich zum Präparat, zu einem Schaustück, welches an zentraler Stelle der Tafel Platz nehmen sollte.

1849 wurde Fjodor Michailowitsch Dostojewski wegen Staatsverbrechens – er hatte einen programmatischen Brief des Literaturkritikers Belinski an Gogol, in dem dieser Gogol mahnte, dem Humanismus seines Lebenswerks treu zu bleiben, vorgelesen – zum Tode verurteilt. Unmittelbar vor der Vollstreckung des Urteils – Dostojewski stand bereits im Totenkleid am Richtpfahl – wurde die Exekution ausgesetzt. Es folgten lange Jahre der Verbannung nach Sibirien, vier Jahre davon hatte er in einem Straflager Zwangsarbeit zu leisten, eiserne Hand- und Fußfesseln tragend. Seine Erfahrungen beschrieb er später in seinen *Aufzeichnungen aus einem Totenhaus*, einer nach wie vor eindringlichen Studie über die Entwürdigung von Menschen. Obwohl den Porträts seiner Leidensgenossen eine typologische Funktion zukommt, ist Dostojewski von der ersten bis zur letzten Seite bemüht, den beschriebenen Personen gerecht zu werden, selbst dann, wenn es sich um grausamste Verbrechen handelte. Ein ganzes Kapitel ist den Tieren des Gefängnisses gewidmet. Sieht man von einem Pferd ab, welches für Transporte benötigt wurde, waren Tiere innerhalb des Gefängnisses verboten. Und dennoch gab es immer wieder Tiere: Hunde, Gänse, längere Zeit sogar einen Ziegenbock. Die wenigen Tiere dienten der Unterhaltung im tristen Gefängnisalltag. Mochten sich Gefangene um manche von ihnen auch fürsorglich gekümmert haben, so war ihr Ende durchwegs brachial.

Der verkrüppelte Hund Belka wird auf dem Wall des Gefängnisses von anderen Hunden zerrissen. Dem zutraulichen Hund Kultjapka, den Dostojewski als Welpen aus der Werkstatt ins Gefängnis mitgebracht hat, zieht ein Mithäftling eines Tages das Fell ab und gerbt es, um damit ein Paar Winterstiefeletten zu füttern: „Er zeigte mir die Stiefeletten, als sie fertig waren. Das Fell nahm sich wunderschön darin aus. Armer Kultjapka!" Die Gänse, die die Sträflinge zur allgemeinen Unterhaltung schreiend und mit ausgebreiteten Flügeln zur Arbeit begleiten, landen ungeachtet ihrer Anhänglichkeit im Kochtopf. Ähnlich auch das Schicksal des Ziegenbocks Waska. Begleitet er die Sträflinge zur Außenarbeit, so machen sie sich manchmal einen Spaß, indem sie ihn mit Zweigen und Blumengirlanden aufputzen. Manche wollen gar seine Hörner vergoldet sehen. Dennoch wird auch er geschlachtet. Das Fleisch erweist sich als „ungewöhnlich schmackhaft". Dostojewski erzählt auch die Geschichte eines verletzten Steppenadlers, den einer der Sträflinge ins Gefängnis mitgebracht hat. Obwohl er anfangs ein gewisses Aufsehen erregt, kümmert sich bald niemand mehr um den Adler, der sich in einer Ecke verkrochen hat. Bestenfalls hetzt einer der Sträflinge den Hund auf ihn. Obwohl von einem der Häftlinge gefüttert, wird er nicht zutraulich. Fühlt er sich einmal unbeobachtet, wagt er sich einige Schritte aus seinem Versteck, um sofort wieder in dieses zurückzukehren, wenn sich ihm jemand nähert. Mit seinem gebrochenen Flügel kann er nicht wegfliegen. Eines Tages erinnern sich die Sträflinge wieder an den Adler. Dieser werde sich nie an das Gefängnis gewöhnen. Er sei doch ein wildes Tier und kein Mensch: „Mag er krepieren, aber nicht im Gefängnis.“ So als ginge es um ihre eigene Freiheit, wird der Adler von einigen Sträflingen gefangen. Da er sich wütend zur Wehr setzt, halten sie ihm den Schnabel zu. Schließlich werfen sie ihn – es ist ein kalter und trüber Herbsttag – vom Wall in die Steppe hinunter. Mit seinem gebrochenen Flügel schlagend humpelt der Adler davon, dem sicheren Tod entgegen.

Ich erinnere mich an eine Künstlerin, die mit einem Bienenvolk arbeiten wollte. Sie brachte in einen Stock mit Wachs präparierte Waben ein. Die Bienen, so ihre Idee, sollten ihre Eingriffe fortsetzen, überschreiben. Zwei pensionierte Imker, die ich der Künstlerin vermittelt hatte, stellten ein sehr handzahmes Bienenvolk zusammen. Sie machten dies in der Annahme, die Künstlerin wolle sich mit Bienen beschäftigen, sich in die Imkerei einarbeiten. Der Stock stand bei mir. Ich betreute das Volk nahezu ein Jahr. Die Künstlerin nahm kein einziges Mal die Abdeckung ab, zog während der ganzen Zeit nicht eine Wabe heraus, um das Leben im Inneren dieses Stockes einmal genauer zu betrachten. In ihren Notizen schrieb sie: „Die Bienen sind süß …“, „die Bienen sind brav …“ All das hatte zwangsläufig Konflikte zwischen uns zur Folge. Schließlich schrieb sie mir, bei den Bienen handle es sich um ihr Eigentum. Sie habe das Volk gekauft. Auch drohte sie mir mit einer Anzeige wegen Tierquälerei. Tiere müssten in die Freiheit entlassen werden. Das geschah dann auch. Der Stock wurde ins Gebirge transportiert, in eine Gegend, in der es an frischer Luft nicht mangelt. Die Künstlerin dachte nicht daran, dass in zweitausend Metern Höhe die Vegetationsdauer viel zu kurz ist, um ein Bienenvolk über den Winter zu bringen, geschweige denn, dass ein von der Varroamilbe befallenes Volk ohne stete Betreuung keine Überlebenschancen hat. Zweifellos hat dieses Bienenvolk keine drei Monate überlebt. Aber: Artgerecht scheint nur die Freiheit.

In Rosa Luxemburgs *Briefen aus dem Gefängnis* finden sich rührende Tiergeschichten, etwa über einem schweren Wagen vorgespannte Büffel, auf die ein Soldat eindrischt: „Die Tiere standen dann beim Abladen ganz still erschöpft und eins, das, welches blutete, schaute dabei vor sich hin mit einem Ausdruck in dem schwarzen Gesicht und den sanften schwarzen Augen, wie ein verweintes Kind. Es war direkt der Ausdruck eines Kindes, das hart bestraft worden ist und nicht weiß, wofür, weshalb, nicht weiß, wie es der Qual und der rohen Gewalt entgehen soll." Mochte Rosa Luxemburg auch das hinlänglich bekannte Motiv des groben Fuhrmanns bemühen, sentimental sind ihre Tiergeschichten nicht. Es gilt mitzudenken, dass sie nicht einfach schreiben konnte, was sie sich dachte. Das Gefängnis kennt kein Briefgeheimnis. Briefe schreiben wird deshalb zu einem Spiel mit jenen, durch deren Hände die Briefe gehen. Wer sollte schon etwas gegen die Beschreibung von Wildbienen haben, die mit ihren Bruthöhlen beschäftigt sind, ohne zu wissen, was in der Welt gerade vorgeht! Manche Stellen in ihren Briefen sind diesbezüglich nicht ohne Witz, schreibt Rosa Luxemburg etwa, sie fühle sich im Gefängnishof unter Hummeln mehr daheim als auf einem Parteitag, ihr Inneres gehöre mehr den Kohlmeisen als den „Genossen“, fügt sie allerdings gleich ein Beispiel hinzu, welches nur zu gut zeigt, dass auch die Natur Grausamkeiten kennt: „Vorigen Frühling ging ich in meiner stillen leeren Straße von einem Feldspaziergang heim, als mir auf dem Boden ein dunkler kleiner Fleck auffiel. Ich bückte mich und sah ein lautloses Trauerspiel: ein großer Mistkäfer lag auf dem Rücken und wehrte sich hilflos mit den Beinen, während ein ganzer Haufen winziger Ameisen auf ihm herum wimmelte und ihn bei lebendigem Leibe verzehrte! Mich schauerte es, ich nahm mein Taschentuch heraus und fing an, die brutalen Bestien wegzujagen. Sie waren aber so frech und hartnäckig, dass ich einen langen Kampf mit ihnen ausfechten musste, und als ich endlich den armen Dulder befreit und weit aufs Gras gelegt hatte, waren ihm schon zwei Beine abgefressen … Ich lief fort mit dem peinigenden Gefühl, dass ich ihm schließlich eine sehr zweifelhafte Wohltat erwiesen habe.“

Stets stellt sie ihre Betrachtungen in einen größeren Zusammenhang und nimmt Bezug auf Äußeres sowie auf eigene Empfindungen. Nach einer eindringlichen Beschreibung des Verhaltens rufender Krähen, die in der Abenddämmerung ihren Schlafbäumen zustreben, schildert sie in wenigen Sätzen, wie das Gefängnis abends zur Ruhe kommt, um sich dann eines eben gefallenen Freundes zu erinnern: „Ich fühle mich so wohl, trotz des Schmerzes um Hans. Ich lebe nämlich in einer Traumwelt, in der er gar nicht gestorben ist.“

Sie schreibt, die ganze Kulturgeschichte der Menschheit beruhe auf „Entscheidungen von Menschen über andere Menschen“. Nur durch eine qualvolle Entwicklung, die eben im Gange sei, werde sich dies ändern: „Sie fragen, wozu das Alles? ‚Wozu‘ – – ist überhaupt kein Begriff für die Gesamtheit des Lebens und seine Formen. Wozu gibt es Blaumeisen auf der Welt? Ich weiß es wirklich nicht, aber ich freue mich, dass es welche gibt, und empfinde als süßen Trost, wenn mir plötzlich über die Mauer ein eiliges Zizi bä aus der Ferne herübertönt.“

Verständlich ihr Interesse für Tiergeographie, den Vogelflug, überhaupt für Vögel und ihre Arten, von denen sie, Bezug nehmend auf Beobachtungen während ihrer Haft, den Wendehals, den Buchfink, die Haubenlerche, die Blaumeise, die Nachtigall, den Grünling, den Gartenspötter, den Star – neben Schwalben und Krähen – erwähnt. Wer eingesperrt ist, die wenigen zugelassenen Besucher nur in einem doppelten Drahtkäfig empfangen kann, dessen Interesse für Vögel ist gut nachvollzichbar, können sie sich doch frei bewegen, etwa zwischen dem Areal des Gefängnisses und dem des Irrenhauses, von wo die Rufe des Pirols wie der Nachtigall zu hören sind. Erstaunlicherweise blieb für die genaue Beobachterin die Anziehungskraft, die die Irrenanstalt auf die Vögel ausübte, ein Rätsel. Die Lösung ist einfach: Im Gegensatz zu Gefängnissen haben Irrenanstalten Bäume und Buschwerk in ihrer unmittelbaren Umgebung, bieten also Lebensraum für Vögel. Und schließlich, wer sich wie Rosa Luxemburg bereits früher für Vögel interessiert hat, dem sind sie Uhr und Kalender. Sie künden vom Beginn des Frühlings wie des Herbstes. Mehrfach vergleicht sie sich in den Briefen mit Tieren: „Der Pfiff der Lokomotive um 3,19 sagte mir, dass Mathilde abdampft, und ich lief gerade wie ein Tier im Käfig den gewohnten ‚Spaziergang' an meiner Mauer entlang hin und zurück und mein Herz krampfte sich zusammen vor Schmerz, dass ich nicht auch fort von hier kann, o, nur fort von hier! Aber das macht nichts, mein Herz kriegte gleich darauf einen Klaps und musste kuschen; es ist schon gewöhnt, zu parieren wie ein gut dressierter Hund." Was würde Rosa Luxemburg heute sagen, fände sie ihre Briefe – wie ich – im Internet, garniert mit Werbeeinschaltungen wie: *Alles für die Vogelfütterung! Große Auswahl, kleine Preise.*

In Jeremy Benthams idealem Gefängnis, dem Panoptikum, sollte ein einziger Aufseher alle Insassen kontrollieren können. Um dies möglich zu machen, erdachte er einen Rundbau, in dem die durch Innenbalkone begehbaren Zellen stockweise und wabenförmig entlang der Außenmauer angeordnet sind. Nach innen hin kennen die Zellen keine Wände, nur Gitter. Dies macht sie bei entsprechender Beleuchtung rund um die Uhr einsehbar. In der Mitte des mit einer Kuppel überdachten Gebäudes befindet sich ein Turm, von dem aus ein Aufseher das beobachten kann, was in den einzelnen Zellen vor sich geht. Der Abstand des Turmes zu den Zellen darf weder zu groß noch zu klein sein. Wäre er zu groß, ließe sich nicht mehr sehen, was in den Zellen geschieht. Wäre er zu klein, würde die Anlage ineffizient, nimmt doch mit dem Radius die Anzahl der möglichen Zellen wie der Häftlinge ab. Der Abstand muss auf jeden Fall so groß sein, dass persönlicher Kontakt zwischen dem Aufseher und den Gefangenen ausgeschlossen ist. Mehr noch, die Gefangenen sollen den Aufseher nicht einmal sehen können, geschieht doch, da er das ganze Rund zu beobachten hat, das meiste hinter seinem Rücken. Sehen, ohne gesehen zu werden. Sich verhalten, als würde man beobachtet, obwohl der Aufseher vielleicht schläft oder gar nicht anwesend ist. Michel Foucault hierzu: „Jeder ist an seinem Platz sicher in eine Zelle eingesperrt, wo er dem Blick des Aufsehers ausgesetzt ist; aber die seitlichen Mauern hindern ihn daran, mit seinen Gefährten in Kontakt zu treten. Er wird gesehen, ohne selber zu sehen; er ist Objekt einer Information, niemals Subjekt in einer Kommunikation. [...] Die dicht gedrängte Masse, die vielfältigen Austausch mit sich bringt und die Individualitäten verschmilzt, dieser Kollektiv-Effekt wird durch eine Sammlung von getrennten Individuen ersetzt."

Bentham, der als Sozialreformer etwa die Verschiffung von Sträflingen nach Australien kritisierte, sah in seinem Panoptikum ein Humanisierungsprojekt. Im ausgehenden achtzehnten Jahrhundert gab es zwar Bauten, in denen Verurteilte eingesperrt waren, aber noch keine Gefängnisse im eigentlichen Sinn. Geisteskranke waren mit Verbrechern zusammengepfercht. Gefangene konnten wie Tiere angekettet sein, oft genug in feuchten, kalten und dunklen Verließen. Die Bedingungen der Eingekerkerten waren so elend, dass viele von ihnen gar nicht in der Lage waren, die ihnen auferlegte Zwangsarbeit zu verrichten.

Bentham war mit seinen Reformvorschlägen keineswegs allein. Die Kerker sollten zu Besserungsanstalten werden, in denen die Gefangenen als „Menschen“ betrachtet und dementsprechend behandelt werden sollten. Dies setzte eine entsprechende Unterbringung, ausreichende Nahrung, eine sinnvolle Beschäftigung und anderes voraus.

Bentham betrachtete das Gefangenenwesen seiner Zeit nicht nur als unmenschlich, sondern als ineffizient und kostspielig. Er war zutiefst davon überzeugt, dass sich die Arbeit der Insassen gewinnbringend nutzen ließe. Im Panoptikum „ist selbst die Zeit, die man für die Gesundheit erübrigt, für die Arbeit nicht verloren. [Anmerkung: Auch braucht der Anteil, den man gegebenenfalls Beschäftigungen literarischer Natur einzuräumen bereit ist, nicht gänzlich ohne wirtschaftlichen Nutzen zu sein. Diejenigen, die gut genug schreiben können, könnten gegen Bezahlung Abschreibarbeiten machen: zumindest könnten sie die Geschäftsbücher und andere Unterlagen abschreiben, die mit der Verwaltung des Hauses zusammenhängen. Selbst für Musiknoten ließe sich bei etwaigem Bedarf unter einer so großen Belegschaft wohl hin und wieder ein Abschreiber finden.] Fünfzehn von vierundzwanzig Stunden ohne die geringste Not, und dies das ganze Jahr über: das ist, wie wir gesehen haben, nicht viel weniger als das Doppelte dessen, was man in den Einrichtungen unter solch immensem Aufwand durch Zwangsarbeit herausholt.“

Eigentlich verdankt sich Benthams Idee des Panoptikums seinem jüngsten Bruder, der als Ingenieur mehrere Jahre im Dienste des russischen Fürsten Potemkin stand. Um eine große Zahl ungelernter Gehilfen in Werkstätten zu beaufsichtigen, hatte dieser in der Mitte von Werkstätten eine Plattform errichten lassen, von der aus ein einziger Vorarbeiter viele Hilfskräfte kontrollieren konnte. Die einzelnen Arbeitsplätze waren durch Holzwände voneinander getrennt. Die drehbare Plattform im Zentrum war zu einem nicht einsehbaren Pavillon ausgebaut. Architektonisch hat das Panoptikum mehrere Vorläufer: Man denke an das anatomische Theater oder an Menagerien, in denen die Gehege unterschiedlicher Tiere ähnlich angeordnet waren.

Benthams Panoptikum hat sich als unbrauchbare Zwingburg der Überwachung erwiesen. Die entscheidende Schwachstelle liegt in der Überbewertung der Kontrolle weitgehend unbeweglicher Insassen. Wir wissen inzwischen, dass sich das Augenmerk aller Kontrolle längst auf Bewegungsabläufe konzentriert, in die sich die Menschen wie Tiere aus eigenem Antrieb einfügen. Das Bentham'sche Panoptikum ist eine Festung, sowohl nach innen wie nach außen. Seine Mauern, Gitter und anderen Barrieren machen es zweifelhaft. Für die Kontrolle einer großen Personengruppe wird zwar nur eine geringe Anzahl von Aufsehern benötigt, aber die totale Kontrolle von Personen, deren Bewegungs- und Handlungsspielraum ohnehin weitgehend eingeschränkt ist, hat etwas Absurdes.

Während des letzten Sommers kam ich im Großen Walsertal mit einer Frau ins Gespräch. Sie ereiferte sich über die Gurtpflicht im Auto. Fliege jemand bei einem Crash durch die Windschutzscheibe, so sei das allein seine Angelegenheit. Es gelang mir nicht, ihr die Sinnhaftigkeit der Gurtpflicht zu erklären, dass Freiheit dort aufhöre, wo andere die Folgekosten mitzutragen hätten. Von der Gurtpflicht war es nicht weit zur Anbindehaltung kleiner Bauern. Kühe, die an Ketten hingen, das sei doch eine Grausamkeit. Obwohl in einem Gebirgstal lebend, wusste sie nicht, dass sich die Besiedelung dieses wie anderer Täler maßgeblich dem Rind verdankt. In Gebirgslagen, in denen sich kein Getreide mehr anbauen lässt, ließen sich nur bedingt Schweine oder Hühner halten. Das Rind mit seinem höchst komplexen Verdauungsapparat vermag dagegen auch in langen Wintern aus minderwertiger Zellulose Eiweiß zu bilden. Die Bindung zwischen Mensch und Tier war eng. Eine wenig beachtete, aber umso faszinierendere Geschichte. Um Fleisch ging es nur am Rand. Das, wie vieles andere, verstand meine Gesprächspartnerin nicht. Jeder zugesperrte Betrieb sei ein Glück.

Laufställe gelten heute als „artgerechte" Tierhaltung. Die Kühe können sich frei bewegen, allerdings auf Spalten- oder Betonböden. Computerprogramme entscheiden über die Kraftfutterzuteilung, den Zeitpunkt, zu dem ein Rind zur künstlichen Besamung, zur veterinärmedizinischen Behandlung oder zum Abtransport in den Schlachthof aussortiert wird. Computerprogramme setzen Selektionstore in Bewegung: SmartGate. Statt in einer wie immer gearteten Natur befinden sich all diese Tiere in einer technisch organisierten Umgebung. Statt sich das Fell am Buschwerk zu reiben, frequentieren sie einen Bürstautomaten: HappyCow. Mögen sich auch viele Tiere in solchen Ställen bewegen, eine Herde bilden sie nicht. Endgültig sind sie, zumindest gilt dies für die Milchwirtschaft, dem Funktionskreis der Maschinen überantwortet. Und soll eines der Rinder auf einer Leistungsschau gezeigt werden, dann bedarf es eines wochenlangen Trainings, um es an den Menschen zu gewöhnen, damit es nicht bockt und springt, sich an einem Halfter führen lässt. Laufställe versprechen „freie Bewegung". Man muss die vielen Sperrgitter beachten, die letztlich geringe Bewegungsfläche, all die sinnreichen Einrichtungen, mit denen Rinder zu einem bestimmten Verhalten gezwungen werden. Bestenfalls können sich die einzelnen Rinder gegenseitig ausweichen. Fluchtwege kennen sie nicht. Dafür sieht man allerorten Fangstände, um Rinder gefahrlos behandeln oder abtransportieren zu können.

Dass sich in der Rinderhaltung innerhalb weniger Jahre Laufställe durchgesetzt haben, verdankt sich weniger den sentimentalen Anliegen von Tierschutzaktivisten als ökonomischen wie bewirtschaftungstechnischen Gründen. Moderne Laufställe erfordern einen wesentlich geringeren Arbeitsaufwand. Um die Bedeutung ausreichender Bewegungsmöglichkeit, von Tierschützern immer wieder gefordert, wissen auch nüchtern denkende Agraringenieure, zumal damit positive Wirkungen auf den Bewegungsapparat, Klauenabrieb, Brunst und Fruchtbarkeit verknüpft sind. Eine ähnliche Bedeutung kommt etwa den Beschäftigungsmöglichkeiten, dem Stallklima oder dem Platzangebot zu.

Erste Laufställe gab es in Tirol bereits in den 1940er Jahren. Als diesbezüglicher Pionier ist Anton Grad zu nennen, der im Außerfern einen Hof bewirtschaftete. Seine Bemühungen stießen durchwegs auf eine ablehnende Haltung: „Die Umstellung, von der in wenigen

Monaten das ganze Tal, sogar der ganze Kreis ablehnend und voreingenommen redete und lachte, und Ortsbauernführer und dergleichen bei der Gendarmerie, bei der Kreisbauernschaft, selbst beim Tierzuchtamte die Untersagung einer solchen misswirtschaftlichen Viehhaltung beantragten, von Gasthausgesprächen gar nicht zu reden, hielten wir vorerst vor aller Welt vollständig geheim, nur die Frau und ich wussten von ihr." Damals war noch nicht von „artgerechter", sondern von „naturgemäßer" Haltung die Rede. Damaligen Rassevorstellungen entsprechend versprach eine „naturgemäße" Haltung den gesündesten und stärksten Nachwuchs, Tiere, denen selbst härteste Umweltbedingungen wenig anhaben können.

Heutige Laufställe verdanken sich dagegen dem Phantasma, unsere Gesellschaft funktioniere dann gut, wenn es keine Unterbrechung der Bewegung gibt. Eine sehr junge Vorstellung. Während die verbliebenen Rinderhalter Höfe mit wesentlich mehr Tieren bewirtschaften, hat die Betreuungsintensität dank Automatisierung grundlegend abgenommen. Richard Sennett schreibt, die freie Bewegung vermindere die sinnliche Wahrnehmung, die Erregung durch Orte oder die Menschen an jenen Orten. Jede Bindung an die Umgebung drohe das Individuum festzuhalten, der reibungslose Verkehr habe einen Verlust an Empfindsamkeit zur Folge. Ob Mensch oder Tier: Herrschaft verdankt sich dem Herdenmanagement. Nicht viel anders als ein Rind torkelt der heutige Mensch sein Leben lang durch Laufställe, liefert rund um die Uhr Daten, die seiner Bewirtschaftung dienen, all das in der irrigen Vorstellung, sich frei bewegen, frei entscheiden zu können. Zweifellos ist unsere eigene Bewirtschaftung als „artgerecht“ zu betrachten. Wie in der Tierhaltung haben wir es auch im Humanbereich mit zahllosen Experten zu tun, die auf artgerechte Haltung spezialisiert sind, die für alle nur denkbaren Eventualitäten Mindeststandards definieren, also das aus ökonomischer Sicht eben noch Zumutbare, das optimale Minimum.

„Alle Tiere sollen frei und glücklich sein …“ Solche oder ähnlich lautende Formulierungen finden sich im Internet zuhauf. Ein schönes Gedankenspiel. Man stelle sich vor, alle Hühner, Schweine und Rinder würden an einem festgesetzten Tag ausgesetzt. Eine interessante Überlegung, sich die Folgen auszudenken, die es hätte, lebten alle Österreicher von einem auf den anderen Tag vegan. Dass man Kühe, Kälber, Schweine, Hühner und Truthähne nicht einfach in die Freiheit entlassen kann, würde rasch deutlich werden. Machte man es, es gäbe ein großes Tiersterben. Es mangelte an Lebensräumen, Rückzugsmöglichkeiten, vor allem an Nahrung. Kaum eine Kuh würde auch nur einen Winter überleben. Die Tiere würden zum größten Teil verhungern, ein beachtlicher Teil würde Opfer des Straßenverkehrs, viele stürzten sich, nicht an die Außenwelt gewöhnt, zu Tode. Eine Freilassung aller Tiere hätte wohl kaum glücklichere Tiere, sondern – bei aller Kritik an der Massentierhaltung – ein viel größeres Tierleid zur Folge. Die Abhängigkeit der Nutztiere vom Menschen würde augenscheinlich. Um das Grundwasser zu schützen, wären ganze Bataillone von Tierkörperentsorgungsspezialisten erforderlich. Das würde auch dem eingefleischtesten Tierliebhaber nur zu schnell klar. Bliebe nur eine Möglichkeit, alle Bauernhöfe in Gnadenhöfe zu verwandeln. So stünden die verbliebenen Bauern nicht von heute auf morgen ohne Einkommen da. Sie könnten sich während einer Übergangsfrist beruflich neu orientieren. Da man Hochleistungskühe nicht von einfach trockenstellen kann, müssten sie etwa lernen, die Milch unmittelbar nach dem Melken wegzuschütten. Wichtig wäre vor allem, jede Art von Fortpflanzung zu verhindern. Rinder, Schweine oder Hühner, nahezu alle Nutztierrassen, würden fast vollkommen von der Erdoberfläche verschwinden. Denn der Erfolg von Rindern, Schweinen oder Hühnern verdankt sich ihrer Nutzung. Ohne jahrhundertelange Züchtung gäbe es sie nicht in dieser Zahl. Gerade Nutztiere machen deutlich, dass wir es nicht einfach mit Tieren, sondern mit einem wechselseitigen Verhältnis von Mensch und Tier zu tun haben. Und dies gilt letztlich auch für Beziehungstiere. Man kann sich Rehpinscher und andere Schoßhündchen nur in Abhängigkeit vom Menschen vorstellen. Eine Hochleistungskuh ist nur lebensfähig in vom Menschen geschaffenen Habitaten.

Keine Tiere töten, schön und gut. Man muss keine Schuhe aus Leder tragen. Aber jedes Ölbohrloch – Voraussetzung für Kunststoffschuhe – ist unabdingbar mit dem Tod zahlloser Tiere verknüpft. Erneuerbare Energien. Hört sich auch gut an. Ob Fotovoltaik oder Hackschnitzelheizung, all das ist untrennbar mit dem Tod von Tieren verbunden. Freilich denken die Wenigsten auch nur einen Augenblick daran, dass nicht nur Bäume, sondern mit ihnen auch Tiere, etwa Jungvögel, geschreddert werden, dass mit der großflächigen Bewirtschaftung von Landschaften Lebensraum von zahllosen Tieren verloren geht. Auch vegan lebende Menschen sind auf eine Landwirtschaft angewiesen, deren Bodenbearbeitungsmethoden unmittelbar den Tod von Tieren zur Folge hat.

Der Mensch hat sich Tiere nutzbar gemacht. Deshalb trägt er ihnen gegenüber Verantwortung. Er kann und darf mit Tieren nicht einfach machen, was er will. Aber die Vorstellung, Tiere würden frei und glücklich sein, wären sie aus der Abhängigkeit vom Menschen entlassen, ist reichlich naiv und spiegelt letztlich nur die große Entfremdung von der Natur wider. Die Natur ist alles andere als ein Paradies. Schneereiche Winter können Rehen wie anderen wildlebenden Tieren hart zusetzen. Die Natur ist alles andere als friedlich. Selbst Charles Darwin musste angesichts seiner Beobachtungen feststellen: „Mir scheint zu viel Elend in der Welt zu sein. Ich kann mich nicht überreden, dass ein guter und allmächtiger Gott absichtlich die Ichneumonidae geschaffen haben kann in der ausdrücklichen Absicht, dass sie sich in lebenden Leibern von Schmetterlingen nähren, oder dass eine Katze mit Mäusen spielt." Die Art und Weise, wie die Natur mit dem Lebendigen umgeht, empfand er als so abstoßend, dass er Gott die Schöpfung nicht zumuten wollte.

Tiere kennen Empfindungen des Wohlbehagens, aber kein Glück. Sofern Tiere nicht durch Zäune, Autobahnen oder andere Barrieren daran gehindert werden, können sie sich frei bewegen, frei können sie aber nicht sein. Begriffe wie „Glück" oder „Freiheit" lassen sich auf Tiere nicht anwenden, weil sie Reflexionsfähigkeit voraussetzen.

Natürlich ist der Umgang mit Tieren in der Massentierhaltung problematisch. Es gibt gute Gründe, den enormen Fleischkonsum in Frage zu stellen, nicht nur der Tiere wegen. Ökologische Folgen sind inzwischen ebenso gut beschrieben wie die sozialen Auswirkungen in Ländern, in denen Agrarkonzerne Futtermittel für den Weltmarkt, auch für die Massentierhaltung in europäischen Ländern produzieren. Wer sich für das Wohl von Tieren einsetzt, dem sei empfohlen, nicht auf einzelne Tierschicksale zu starren, sondern sich mit Produktionsbedingungen wie mit den damit verbundenen Zwängen zu beschäftigen.

Eine getigerte Stadtkatze auf einem Blechdach, in der Selbstversorgung nicht eben geübt, aber immerhin noch mit rudimentären Jagdinstinkten ausgestattet. Eine Amsel als mögliche Beute. Freilich hat die Amsel nicht die geringste Mühe mit der Katze. Ein paar Flügelschläge, und die Katze muss sich von Neuem anschleichen. Ein leichtes Spiel für die Amsel. Durch die Katze abgelenkt, wird die Amsel schon wenige Augenblicke später zur Beute eines Turmfalken. – Ziegenkitze finden rasch ein Loch unter einem Elektrozaun, um dorthin zu gelangen, wo es an Futter nicht mangelt. Haben sie sich vollgefressen, so finden sie zumeist das Loch nicht mehr, durch das sie geschlüpft sind, auch deshalb, weil sie sich plötzlich von der Herde getrennt wissen und in

Panik geraten. Sie laufen den Zaun entlang, jammern erbärmlich. Fängt man das Kitz ein und hebt es über den Zaun, dauert es nur wenige Stunden, bis sich das Spiel wiederholt. Geraten Ziegen in Panik, dann ist ihr Verhalten Programm. – Lebt man am Land, abseits von Siedlungen, dann macht man die Bekanntschaft mit streunenden, wildlebenden Katzen, mit Katzen, die sich selbst versorgen. Ich kenne einige solcher Katzen seit Jahren und ich habe keinen Zweifel, dass auch sie mich kennen, mich von anderen Menschen unterscheiden können. Ihr Bewegungsradius ist erstaunlich groß. Kontakt suchen sie nicht. Die Fluchtdistanz beträgt etwa fünfzehn Meter. Sie betteln nicht um Futter. Ich füttere sie nicht. Und doch suchen sie auch bei mir nach Nahrung. Sie fangen nicht nur Mäuse. Täglich wird der Komposthaufen frequentiert. Fühlen sie sich unbeobachtet, gilt ihr Interesse auch Tellern und Töpfen, die zum Abwaschen bereitstehen, besonders nach Einbruch der Dunkelheit. Man hört das Geschirr klappern. Obwohl keine dieser Katzen sterilisiert ist, so kommt es doch zu keiner Katzenplage. Die Anzahl der streunenden Katzen ist in all den Jahren gleichgeblieben. Die Jungen überleben die zumeist harten Winter nicht. Konnte eine Katze dagegen genügend Erfahrungen sammeln, dann hat sie gute Aussichten, ein für Katzen beachtliches Alter zu erreichen.

Geschmacks- und Geruchssinn, das Ohr wie die Hand haben zunehmend zugunsten des Auges an Bedeutung verloren. Der moderne Mensch ist visuell organisiert. Noch im achtzehnten Jahrhundert wurden die Sinne in ihrer Wertigkeit anders beurteilt. Der französische Naturforscher Georges-Louis Leclerc de Buffon etwa beginnt zwar in seiner Abhandlung über die Sinne mit dem *Sinne des Gesichts*, zählt dann aber eine Reihe von Irrtümern auf, denen das Auge unterliege. Auf dem Grund des Auges würden die Gegenstände verkehrt abgebildet. Da wir zwei Augen hätten, würden wir alle Gegenstände doppelt sehen. Für Buffon steht der Hörsinn über dem Sehsinn, sei er doch die Voraussetzung dafür, in Gesellschaft mit anderen zu leben. Nur so sei es uns möglich, die Gedanken anderer zu empfangen und unsere eigenen mitzuteilen. Jedoch noch mehr Bedeutung als dem Ohr weist er der menschlichen Hand zu. Ihr verdanke der Mensch seine herausragende Stellung unter den Lebewesen. Zwar seien etwa die Zunge oder das Auge empfindlicher als die Hand mit ihren Fingern, aber aufgrund ihrer Geteiltheit und Beweglichkeit sei die Hand das einzige Werkzeug unseres Körpers, das uns von der Gestalt der Dinge einen deutlichen Eindruck zu geben vermöge. Deshalb zählen für Buffon jene Tiere, die über Hände verfügen, zu den geistreichsten. Die mechanischen Handlungen von Affen seien jenen von Menschen so ähnlich, dass es scheine, als hätten sie dieselben körperlichen Empfindungen. Alle andere Tiere, denen Hände fehlen, könnten, da sie nicht in der Lage seien, etwas zu ergreifen, keine deutliche Kenntnis von der Gestalt der Dinge haben. Das Hauptorgan ihres Gefühls sei die Schnauze, die im Gegensatz zur Vielgliedrigkeit der Hand nur zweigeteilt sei.

Nach Buffon müssen Tintenfische, Polypen und Insekten, die über eine Vielzahl von beweglichen Gliedern verfügen, eine weit ausgeprägtere Kenntnis von der Welt haben als die meisten der anderen Tiere: „Die Fische, deren Körper mit Schuppen bedeckt ist, und die sich nicht biegen können, müssen die dümmsten von allen Thieren sein; denn sie können keine Kenntniß von der Gestalt der Körper haben, weil sie kein Mittel besitzen, sie zu umfassen; und überdies muss der Eindruck der Empfindung sehr schwach und die Empfindung sehr stumpf sein, weil sie nur durch die Schuppen hindurch fühlen können. […] Die Schlangen sind jedoch weniger dumm, als die Fische, weil, obwohl sie keine Extremitäten haben, und mit einer harten und schuppigen Haut bedeckt sind, sie doch das Vermögen haben, ihren Körper nach mehreren Richtungen auf den fremden Körpern zu biegen, und folglich sie auf eine gewisse Art anzugreifen, und viel besser zu befühlen, als dies Fische thun können, deren Körper sich nicht gut biegen kann.“ Erstaunlicherweise also hierarchisiert Buffon die Lebewesen nach ihren Greiforganen und nicht nach ihrem Gehirnvolumen.

Bereits kurze Zeit später wurden die Sinne anders gewichtet. Johann Wolfgang von Goethe sah im Sehsinn den edelsten aller Sinne: „Wir hören, wir fühlen, riechen und betasten alles durch Berührung; das Gesicht aber steht unendlich höher, verfeint sich über die Materie und nähert sich den Fähigkeiten des Geistes.“

Vor hundert Jahren entstanden die ersten aufregenden Bilddokumente über Leben und Verhalten nachtaktiver Tiere. Der Suche nach einem geeigneten Standort für die Kamera kam dabei eine besondere Bedeutung zu. Da Blitzlichtaufnahmen nur geringe Distanzen erlaubten, waren Wasserlöcher bevorzugte Orte der Naturforscher, welche vor allem die afrikanische Tierwelt dokumentierten. Hatten sie sich hier in Position gebracht, konnten sie sicher sein, unterschiedlichste Tiere vor die Linse zu kriegen. Eine andere Möglichkeit bestand darin, Tiere anzulocken. Von Carl Georg Schillings (1865–1921), einem der Pioniere der Tierfotografie, kennen wir Aufnahmen von Löwen, die nachts einen Esel oder Stier reißen. Schillings fotografierte nicht einfach Löwen, er fotografierte den kalkulierten Tod. Für ihn bestand zwischen Töten und Fotografieren kein nennenswerter Unterschied. Schillings präparierte das Umfeld des Ködertieres, also jenen Bereich, auf den das Objektiv der Kamera eingerichtet war, mit Fäden: „Das auf die Beute sich stürzende Wild berührte die in der Dunkelheit unsichtbaren Fäden und brachte das gemischte Blitzpulver zum Aufleuchten. Der Blitz brannte einen Faden durch, welcher den Momentverschluss auslöste. Da der Momentverschluss nur 1/500 bis 1/1000 Sekunde geöffnet ist, der Blitz aber etwa 1/30 Sekunde dauert, so fällt das Offensein des Verschlusses mit Sicherheit in die Zeit des Aufleuchtens.“ Die Tiere lösten in der getroffenen Anordnung, hatten sie die Schnüre berührt, nicht nur das Blitzlicht und den Verschluss der Kamera, sondern auch ihren eigenen Tod aus. Schillings betätigte nicht den Auslöser der Kamera, sondern den Abzug seines Gewehres. Die Anordnung war alles andere als neu. 1881 führte der Amerikaner Henry L. Abbot ein Experiment durch, welches die Wirkung von Dynamit auf den Körper zeigen sollte: „Es galt einen unbrauchbaren Esel zu vernichten, und man wollte diese Gelegenheit benützen, um die Empfindlichkeit der Gelatineplatten zu demonstriren. Hierzu wurde dem Thiere eine Dynamitpatrone vor den Kopf gebunden und ein photographischer Apparat gegen dasselbe gerichtet. Dieselbe electrische Leitung brachte die Patrone zur Explosion und löste den Momentverschluss der Camera aus.“

Um es mit Vilém Flusser zu sagen: „Ein erster Aspekt ist die Suche nach einem Standort, nach einer Position, von der aus die Situation zu betrachten ist. Einen zweiten Aspekt bildet die Manipulation der Situation, um sie dem gewählten Standort anzupassen. Der dritte Aspekt betrifft die kritische Distanz, die den Erfolg oder das Scheitern dieser Anpassung zu sehen gestattet. Ganz offensichtlich gibt es einen vierten Aspekt: Die Betätigung des Auslösers.“ Die Fotografie steht in einem Naheverhältnis zum Töten. Der Sprachgebrauch zeigt diesen Zusammenhang sehr deutlich. Wir kriegen jemanden vor die Linse, schießen ein Foto, machen Jagd mit dem Fotoapparat. Eine sublimere Form des Tötens und Sich-Einverleibens. Es gibt noch eine andere Beziehung zwischen Fotografie und Tod: Wo immer die moderne Zivilisation das Echte und Unberührte einzufangen versucht, ist dieses dem Untergang geweiht. Übrig bleiben Präparate und Bilder.

Die Vorläufer heutiger Tierfilme finden sich in den naturkundlichen Dioramen des neunzehnten Jahrhunderts. Dabei handelt es sich um große Schaukästen, in denen mit Hilfe einer perspektivischen Anordnung, eines scheinbar nahtlosen Übergangs zwischen plastischen Landschaftselementen und gemaltem Hintergrund sowie durch eine ausgeklügelte Beleuchtung die Illusion räumlicher Tiefe erzeugt wird. Zumeist wurden ausgestopfte Tiere vor Kulissen gezeigt, die ihrem typischen Lebensraum nachempfunden waren.

In solchen Mausoleen der Tierwelt ist jede Bewegung eingefroren. Dafür kann der Betrachter sehr nah an das Glas herantreten und gefahrlos in den Rachen eines Leoparden blicken, der gerade eine Gazelle schlägt. Jedes der gezeigten Exemplare soll „naturgetreu" seinen Idealtypus verkörpern. Je lebendiger die präparierten Tiere wirken, als umso schöner gelten sie. Wie in einem Standbild scheint die Zeit angehalten, so als könnte das Tier jeden Augenblick wieder in Bewegung übergehen, den Sprung fortsetzen, mit dem Schwanz schlagen, sich aufrichten oder zubeißen. Im besten Fall sind die ausgestopften Tiere in Bewegung, im Sprung oder auf der Flucht. Aber der Leopard hat seinen Rachen nur aufgerissen, um ihn nie wieder zu schließen. So wird versucht, den Mangel an Leben zu kompensieren. Alles scheint der Realität zu entsprechen, und doch ist alles nur simuliert. Die Dioramen zeigen eine Wirklichkeit, die es trotz aller Detailtreue gerade nicht gibt oder geben kann. Die inszenierten Landschaften haben ebenso wenig mit wirklichen Landschaften zu tun wie die Tiere mit jenen Tieren, die sie repräsentieren. Draht, Gips, Farbe, Licht.

Heutige Tierfilme behaupten, das Leben selbst zu zeigen. Mögen die Tiere auch laufen, springen oder zubeißen, so haben wir es doch wie in den Dioramen mit Präparaten zu tun. An die Stelle einer räumlichen Illusion ist die Story getreten, unterlegte Geschichten, die den Betrachter übersehen lassen, aus welch unterschiedlichen Aufnahmen eine Sequenz montiert wurde. Beim Leoparden, der eine Gazelle jagt, muss es sich nicht um denselben handeln, der eine Gazelle reißt. Es wird gezeigt, was wir nie zu sehen bekämen. Aufnahmen in Superzeitlupe machen es möglich, selbst Dinge zu sehen, die wahrzunehmen unser Auge nicht in der Lage ist. Das Tierverständnis des heutigen Menschen verdankt sich entscheidend solchen Filmen, in denen die Simulation als Wirklichkeit behauptet wird.

Kaiser Franz Joseph gab sich wie andere Habsburger leidenschaftlich der Jagd hin. Bis 1914 erlegte er immerhin etwa 10.000 Stück Wild. Eine Abbildung, welche den bezeichnenden Titel *Der Kaiser schaut nach dem Wetter aus* trägt, zeigt ihn, wie er auf dem Balkon seiner Kaiservilla in Ischl stehend, durch ein eigens zu diesem Zweck in der nahen Baumgruppe ausgeschnittenes Loch mit dem Fernrohr auf den Dachstein blickt. Er sieht wohl eine sichere und überschaubare Welt, eine Art Miniaturwelt, mag sich das Massiv noch so imposant erheben. Es sind auch Abbildungen erhalten, die ihn, das Gewehr im Anschlag, auf einem Hochsitz zeigen. Laut einer plausiblen Berechnung hat Franz Joseph etwa ein Drittel seines Lebens auf der Jagd verbracht, sich also wie an seinem Schreibtisch, an welchem er in den frühen Morgenstunden mit sprichwörtlichem Fleiß Akten bearbeitet haben soll, einzig mit Ausschnitten beschäftigt, mit Ausschnitten, die eine beherrschbare Welt versprachen, während sich die Welt längst auf ein Inferno zubewegte. Und so unfähig er war, die gesellschaftlichen Konflikte seiner Zeit auch nur ansatzweise zu begreifen, ebenso wenig vermochte er das eigene familiäre Drama zu verstehen. Der Bruder, der Sohn und der Neffe kamen durch Schusswaffen um, die Frau wurde erstochen. Als er vom Tod der Kaiserin benachrichtigt wurde, soll er ausgerufen haben: „Mir bleibt doch gar nichts erspart auf dieser Welt!“ Und sein erster Gedanke war – und wird es auch bei vielen anderen bedrohlichen Einbrüchen gewesen sein –, jetzt könne er wohl nur noch auf der Jagd Zerstreuung finden. An seine Geliebte Katharina Schratt schrieb er kurz darauf: „Vorgestern war ich, nachdem ich Ihnen geschrieben hatte, zweimal in den Zimmern der Kaiserin, wo ich alles unverändert fand, sogar mit Blumen geschmückt wie ehemals, sie könnte gleich einziehen. Es war recht wehmütig und doch eher wohltuend. Nach dem gemeinschaftlichen Déjeuner, welches immer um 1 Uhr stattfindet, fuhr ich zu einer Schweinehütte in St. György, wo ich in Gedanken versunken so lange saß, als es zum Schießen Licht gewesen wäre, aber gar nichts zu sehen bekam …“

Jagen hieß einmal gehen, laufen, pirschen, auf der Erde liegen und kriechen. Ortega y Gasset schrieb, der Jäger müsse, um das reine Glück erleben zu können, den Umgang mit dem ungebändigten Tier suchen, auf sein Niveau hinabsteigen, müsse sich von diesem zum Wetteifern angestachelt fühlen, es verfolgen. Mit Hilfe des Hochsitzes hebt sich der Jäger von der schmutzigen Erde ab. Nicht länger muss er sich am Boden kriechend der Beute nähern. Er ist zu einem Wartenden geworden. Der Vorläufer des Hochsitzes findet sich im Jagdschirm, einem pavillonartigen Gebäude, von dem aus die Anwesenden auf die Tiere schossen. Im siebzehnten Jahrhundert war die Treffsicherheit der verfügbaren Gewehre noch gering. Deshalb konnte es Jagdschirme nur in Gehegen geben, in denen das Rotwild zusammengetrieben wurde. In der Geschichte der Jagd hängen Hochsitze eng mit der Entwicklung des Zielfernrohres zusammen. Erst wenn es möglich ist, ein Tier aus einer gewissen Distanz sicher zu treffen, kann der Jäger zu einem Sitzenden werden, zu jemandem, der wartet und mit dem Fernglas die Bewegungen in jenem Feld studiert, das sich vor ihm ausbreitet. Mit dem Fernglas tastet er die Landschaft nach möglichen Veranderungen und Bewegungen ab. Er könnte ebenso vor dem Bildschirm, im Auto oder in einem Büro sitzen.

Der Hochsitz ist eine Art verkehrter Fernseher. Oft genug lassen solche Objekte an Fernsehapparate denken, nur dass der Zuschauer plötzlich im Apparat sitzt und von dort aus die Landschaft, das vor ihm liegende Feld betrachtet. Das Objektiv des Zielfernrohres hat eine „saugende“ Wirkung, welche das, was weit entfernt liegt, nah erscheinen lässt. Der tödliche Schuss ist mit dem Fadenkreuz bereits vorweggenommen. Um es mit Ernst Jünger zu sagen: „Optische Instrumente sind Angriffswaffen."

Ob auf dem Hochsitz oder im Arbeitszimmer in der Hofburg – der Kaiser saß da wie dort in einem Fernsehapparat, unfähig, die Widersprüche der realen Welt zu sehen. Das Modell des Hochsitzes taugt nicht, die Probleme der Welt zu lösen oder zumindest ansatzweise zu verstehen. Das gilt auch heute. Denkt man an den Drohnenkrieg, dann sitzen die Akteure buchstäblich vor und in Bildschirmen, werden sie doch Teil eines technischen Arrangements. Um William S. Burroughs zu zitieren: Vielleicht müssten wir uns wieder Zähne und Krallen wachsen lassen, uns kriechend auf die Beute zubewegen, auf das Fremde, dem wir uns – belügen wir uns doch nicht – nicht nur verwandt, sondern von dem wir uns auch angezogen fühlen.

Bauern, die heute auf großen Maschinen sitzend Felder bewirtschaften, nehmen die Welt anders wahr als ihre Eltern oder Großeltern, die viele Arbeiten noch von Hand erledigen mussten. Vieles sehen sie gar nicht mehr. Steche ich im Frühjahr den Garten um, kostet das unweigerlich einige Eidechsen das Leben. Die Eidechsen sitzen in den Spalten des Lehmbodens. Da die Erde noch kalt ist, fehlt es ihnen an der nötigen Bewegungstemperatur. Sie zeigen kein Fluchtverhalten. Mir gefällt das nicht. Ob Eidechsen in diesem Zustand Schmerz empfinden? Grabe ich einen Komposthaufen um, so trifft trotz aller Vorsicht meine Schaufel immer wieder eine Blindschleiche. Mähe ich mit der Sense, so werden Kröten Opfer meines Tuns. Man sieht sie nicht im Gras.

Auf den meisten landwirtschaftlich genutzten Flächen sind solche Dinge nicht zu befürchten. Sie bieten für viele Tiere keinen Lebensraum mehr. Und sollten sich Blindschleichen, Eidechsen oder Kröten auf eine solche Fläche verirren, so bemerkt derjenige, der auf einer der Maschinen sitzt, nicht das Geringste vom Gemetzel, nichts von dem, was durch rotierende Messer oder Zinken umkommt. Ein tröstliches Paradox: Je schonender man arbeitet, je mehr man auf eine vielgestaltige Oberfläche achtet, umso mehr ist man mit Tiertoden konfrontiert.

Im neunzehnten Jahrhundert wurde kaum darüber nachgedacht, wie technische Sehhilfen unsere Wahrnehmung bestimmen. Wer sich eines Fernrohres bediente, versuchte bestimmte Objekte besser betrachten zu können. Tatsächlich handelte es sich um eine völlig neue Art des Sehens. Noch heute denken viele Menschen, ein Fernrohr diene ähnlich wie ein Mikroskop dazu, einen Gegenstand zu vergrößern. Seine wichtigste Funktion besteht jedoch darin, Einzelnes aus der Vielfalt der Erscheinungen zu isolieren, den Gegenstand der Betrachtung, auch dann, wenn er scheinbar in die Nähe gerückt wird, konsequent vom Betrachter zu trennen. Erst die Bombenabwürfe des Zweiten Weltkrieges haben dies bewusst gemacht. Mochten sich die Piloten während des Flugs auch selbst in Gefahr befinden, so saßen sie doch in einem Raum, der nur schwer an den

Tod oder die Verstümmelung von Menschen denken ließ. Nach dem Ende des Krieges begann das Kino, diese Irritation zu reflektieren. John Huston zeigt in seinem Spielfilm *The Misfits* (1961) eine merkwürdige Autofahrt. Auf dem Rücksitz Roslyn, am Steuer der betrunkene Guido: „Keine Angst, keine Angst, meine Freundin. Ich hab noch nie Menschen umgebracht, die ich kenne. [...] Wir sind alle Bombenschützen, die blind abwerfen. Wir bringen alle Menschen um, die wir nie gesehen haben. Ich hab im Krieg neun Städte bombardiert, ich hab dabei viel Geschirr zerschlagen, aber ich hab das nie gesehen. Denken Sie an all die Puppenwagen und an die Briefträger und all die kleinen Hunde, die dabei draufgegangen sind. Wissen Sie, Mädchen, wenn man eine Bombe abwirft, das ist so, wie wenn man lauter Lügen erzählt. Das bringt alles zum Schweigen. Nach einer gewissen Zeit hört man nichts mehr und sieht auch nichts mehr. Nicht mal seine eigene Frau. Und jetzt zum Unterschied sehe ich Sie ..." Die Entfernung lässt keine wirkliche Empfindung zu. Die Betätigung eines Knopfs, mag die Fracht noch so tödliche Folgen haben, findet ihre Entsprechung in Zahlen und Trefferquoten. John Hustons Film ist eine Studie der Empfindsamkeit über die Frage von nahem und fernem Unglück. Er greift damit eine Frage auf, die in der Literaturgeschichte bereits bei Balzac behandelt wurde: Wie würden wir uns verhalten, wäre es uns möglich, dadurch reich zu werden, indem wir allein durch unseren Willen einen alten Mandarin in China töteten?

Im Film versuchen Männer Wildpferde einzufangen, um sie an Hersteller von Hundefutter zu verkaufen:

„Du hast Futter für meinen Hund gekauft. Was hast du denn gedacht, was in den Büchsen drin ist?“ – „Ich kann’s nicht hören!“ – „Nichts auf der Welt kann leben, ohne dass etwas anderes stirbt.“ – „Hör auf!“ – „Roslyn, auch ein guter Mensch kann töten.“ – „Nein, das kann er nicht.“

Ich war zu einer Diskussionsveranstaltung über Human-Animal Studies geladen. Ich zeigte einen kurzen Ausschnitt aus einem Film, in dem das Schlachten eines Ochsen in einer bäuerlichen Genossenschaft zu sehen ist. Die Bauern bringen ihre Tiere selbst. Meist müssen sie warten, bis die Schlachtbox frei ist. Im Film ist ein junger Bauer zu sehen, der einen Ochsen in den Schlachtraum führt. Das Tier ist ruhig, obwohl es sich auf dem glatten Fliesenboden unsicher bewegt. Eigentlich wollte ich nur die berührende Gestik zeigen, mit welcher der Bauer den Strick handhabt, gleichermaßen Kontakt und Abstand hält, der vor allem in dem Augenblick nötig ist, in dem das Tier zusammenbricht. Wenige Augenblicke später nimmt er den Strick ab und reinigt ihn unter laufendem Wasser. Meine Gesprächspartnerin – sie steht der Tierrechtsbewegung nahe – drehte sich demonstrativ mit dem Rücken zur Projektionsfläche: Nein, das wolle sie nicht sehen. Dabei lohnt sich die Beschäftigung mit so einfachen Dingen wie Stricken, Messern, Schlachtschussapparaten und vielen anderen technischen Geräten, die alle unser Verhältnis zu Tieren bestimmen und auch entscheidend verändert haben. Meine Gesprächspartnerin kam mit einem Hund, der wohl vegan ernährt wird.

Ich schaute mir letzthin Aufnahmen aus den 1940er Jahren an. Sie zeigen einen Almabtrieb von einer

Zillertaler Alm, die alljährlich im Winter bis Mitte Jänner mit zehn Kühen und Jungvieh bewirtschaftet wurde. Die Kalbezeit wurde auf der Alm verbracht. Die Bauern hielten das Vieh so lange auf der Alm, um das Bergheu bestmöglich zu nutzen. Menschen und Kühe in tiefstem Schnee. Von Abtrieb im buchstäblichen Sinn kann keine Rede sein, es bedurfte keiner Schläge. Mensch und Tier waren in einer einzigen Bewegung aufgehoben, wenngleich sie manch gefährliche Stelle zu passieren hatten. Ein über Jahrhunderte eingeübtes und tradiertes Zusammenspiel, welches heute nicht mehr denkbar wäre.

Das Verhalten der Bauern färbte auf das der Kühe ab, jenes der Kühe auf das der Bauern. Es gab einen wechselseitigen Kontakt von Mensch und Tier. Anlehnungen. Berührungen. Die kleinen Bauern lebten in einem sehr engen, körperbetonten Kontakt mit ihren Kühen. Kühe wurden gemolken, gestriegelt, getrieben, hin und her dirigiert, nicht selten auch geschlagen. Aufnahmen von jungen Frauen etwa, die ein störrisches Rind an den Hörnern festhalten, machen diesen körperbezogenen Kontakt deutlich. Kinder hatten nicht die geringste Scheu, behornte Kühe anzubinden. Stellten sich bäuerliche Familien gemeinsam mit ihren Kühen dem Fotografen, so ist das nicht erstaunlich. Mancherorts musste ein Todesfall im Haus den Kühen „angesagt", also mitgeteilt werden. Man fürchtete, diese würden sonst keine Milch mehr geben. Kleine Bauern konnte ein Gefühl von Trauer überfallen, wenn ein Platz im Stall leer blieb, weil eine Kuh verkauft oder geschlachtet worden war, oder wenn der ganze Stall leerstand, weil man das Vieh auf die Alm getrieben hatte.

Dieses Verhältnis war jedoch stets ambivalent. Das domestizierte Tier durfte nicht zu sehr in die Nähe des Menschen rücken. Wie hätte man es sonst schlachten können? Gerade ihre Nähe zu den Tieren ließ die kleinen Bauern den Unterschied zwischen Mensch und Tier nicht vergessen.

Im Melken zeigte sich der unmittelbare Kontakt zwischen dem Bauern und seinen Kühen. Wer über Jahre hinweg zweimal täglich eine Kuh melkt, der kennt die Beschaffenheit des Euters, sein Kopf, der sich in die Seite der Kuh drückt, weiß um die Befindlichkeiten des Tieres. Es ist ein wechselseitiges Verhältnis. Melken, An- und Abbinden, Striegeln setzen wie vieles andere eine körperbezogene Beschäftigung mit dem Rind voraus. Gibt es einmal Selbsttränken, dann ist es nicht länger nötig, Kühe und Rinder zweimal täglich zu einem Brunnen zu führen. Gibt es einen elektrischen Weidezaun, dann braucht niemand mehr das Vieh zu hüten. Die leichten Pflöcke sind schnell aufgestellt, der Draht ist ebenso rasch gespannt. Gibt es Bürstautomaten, muss man die Kühe nicht mehr striegeln. Wie alle technologischen Neuerungen in der Rinderhaltung haben auch Melkmaschinen zersetzend auf das wechselseitige Verhältnis zwischen Mensch und Tier gewirkt. Melkroboter setzen nicht einmal die Anwesenheit eines Bauern voraus. Anbieter solcher Systeme versprechen, nun könne der Landwirt eine bessere Beziehung zu seinen Tieren aufbauen, da der mit einem gewissen Zwang verbundene enge Kontakt während des Melkens nicht länger notwendig sei. Aber man kann sich nur schwer vorstellen, dass einer von ihnen abends nach getaner

Arbeit, so wie Bauern das früher oft taten, mit Wohlbehagen im Stall bei den Kühen sitzt. Eine alte Bäuerin meinte, wer nicht jeden Tag zweimal jede seiner Kühe umhalse, also vor oder nach dem Weidegang ab- oder anbinde, der kenne keine Kuh mehr. Nun heißt es: „Der Computer kennt die Kuh."

Die Massentierhaltung verdankt sich der Automatisierung. Bei Schweinen und Hühnern war dies bereits vor Jahrzehnten möglich. Geht es nur um Mast, um Gewichtszunahme, dann genügen Rohrleitungen, um Futtermischungen in die entsprechenden Tröge zu leiten, Einrichtungen, die das Entfernen von Mist ohne großen Arbeitsaufwand erlauben. Komplizierter ist es in der Rinderhaltung. Kühe müssen gemolken werden. Eine kontinuierliche Reproduktion ist die Voraussetzung für eine hohe Milchleistung. Aber auch die Bewirtschaftung von Milchkühen hat sich inzwischen dank Herdenmanagement weitgehend automatisieren lassen, eine optimale Betriebsgröße vorausgesetzt. Ein computergesteuerter Kuhstall, in dem nur zwei Kühe stehen, macht ökonomisch keinen Sinn. Es braucht viele Kühe.

Die heutige Tierhaltung setzt auf Automatisierung. Wo immer es möglich ist, wird der Mensch durch Automaten ersetzt. Heutige Ställe sollen nicht nur möglichst ohne menschliches Zutun funktionieren, in letzter Konsequenz sollen sie menschenfrei sein, droht doch der Mensch Keime oder Unruhe hineinzutragen, was sich nachteilig auf die Leistung auswirkt. Genaugenommen müsste man das Postulat in sein Gegenteil zu verkehren: Nicht weniger, mehr Menschen braucht die Tierhaltung. Es lohnte sich, über Betriebsgrößen zu diskutieren. Eine wahnwitzige Ökonomie zwingt zu ständig größeren Betrieben. 2000 Rinder. 20.000 Schweine. 200.000 Hühner. Wenn pro Schwein gerade einmal einige Euro Gewinn abfallen, dann sind viele Tiere notwendig, damit ein Bauer leben kann.

Es lohnte sich, die Frage zu stellen, für wie viele Rinder, Schweine, Truthähne oder Hühner ein Bauer – ersetzen wir das Wort lieber durch „Unternehmer" – verantwortlich sein kann. Es wären kritische Betriebsgrößen zu definieren. Bauern, die in den 1960er Jahren ihr Glück in der Hühnermast zu finden glaubten, mussten eine eigenartige Erfahrung machen. Waren sie es früher gewohnt, abends vor dem Versperren des Hühnerstalles die Hühner zu zählen, so zählten und sammelten sie nun bei ihrem morgendlichen Durchgang die verendeten Hühner. Mitgefühl mit Tausenden von Tieren kann es nicht geben.

„Die (zufällige) Beobachtung des Bruders der 51-jährigen Bäuerin Magdalene R. in Orth an der Donau brachte im März ein schreckliches Martyrium für insgesamt 22 Rinder ans Tageslicht. Der Mann hatte gesehen, wie seine Schwester einen toten Stier mit dem Traktor aus dem Stall zog und unter Strohballen verscharrte. Dem alarmierten Bürgermeister und dem Amtstierarzt erklärte die alleinstehende Frau, sie habe keine anderen Tiere. Als sie die Stalltüren öffneten, bot sich ihnen ein Bild des Grauens: Die neun überlebenden Tiere standen auf so hohen Mistbergen, dass sie bereits die Decke berührten, die Ketten waren bis auf die Wirbelsäule eingewachsen. Als man den Stall säuberte, entdeckte man die Kadaver von weiteren 13 Tieren." Ein Boulevardbericht aus dem Jahr 1987.

Man muss sich die Bäuerin vorstellen, die mit ihrem Traktor einen toten Stier aus dem Stall zieht, um ihn dann unter Strohballen zu „verscharren". Zum Verschwinden bringt nur der etwas, der sich schämt, schuldig fühlt oder Angst empfindet. Offensichtlich ist die sensible Balance gegenseitigen Austauschs, den gerade die bäuerliche Kultur kannte, aus den Fugen geraten, nicht nur die Tiere, sondern auch die Menschen betreffend. Mangel leiden nicht nur die Tiere, Mangel leidet vor allem auch die Frau, Mangel an Gegenrede oder Wahrnehmung ihrer Situation durch andere.

Zwar finden sich bereits in den 1960er Jahren Berichte über Bauern, die ihre Kühe verhungern ließen, gehäuft allerdings finden sie sich in den 1980er Jahren. Nichts vermöchte die enormen sozialen Kosten der Umstrukturierung der Landwirtschaft deutlicher zu machen. Mehrfach findet sich in ähnlich lautenden Zeitungsberichten das Bild von zugenagelten Stalltüren oder -fenstern. Die Gendarmen müssen daher durch ein aufgebrochenes Stallfenster in den Stall einsteigen, um die Tür von innen zu öffnen. Im Inneren des Gebäudes hat sich ein „fürchterlicher Fäulnisgestank" breitgemacht: „Ein Fluch lastet auf dem Hof. Am besten, man brennt ihn nieder." In damaligen Berichten wird der Eindruck erweckt, es würde mit Tieren ähnlich achtlos umgegangen wie mit x-beliebigen Konsumgütern. Mögen die Geschichten von Bauern, die ihre Kühe verhungern lassen, noch so traurig sein, in keinem dieser Fälle werden die Tiere von den Beschuldigten als bloßes Material wahrgenommen. Sie sind Teil eines wechselseitigen Gefüges. Das Elend der Menschen wird deshalb auch zu ihrem Elend.

In manchen solcher Berichte verwehrt der Beschuldigte seinen Geschwistern den Zutritt zum Hof. Auch kann der Sohn vom Hof vertrieben werden oder aus eigenem Willen mit seinen Eltern, seinem Vater oder seiner Mutter vollkommen brechen. Manchmal kommt es zu einer Anzeige durch Familienangehörige. Es wird über „Tiertragödien" berichtet. Tatsächlich haben wir es mit Familientragödien zu tun, aus denen die Beteiligten keinen Ausweg mehr finden. Der zunehmende Widerspruch zwischen betriebswirtschaftlichen Anforderungen und dem herkömmlichen Generationenvertrag mit all seinen Verpflichtungen wie der Widerspruch zwischen Erwartungen der Elterngeneration und dem Denken ihrer Kinder hatten oft genug massive und unlösbare Konflikte zur Folge. Würde man mit den Betroffenen solcher Berichte sprechen, zweifellos ginge es in vielen Fällen um eine gescheiterte Hofübergabe, um elterliche Erwartungen, die sich nicht einlösen ließen, um eine lange Kette von Enttäuschungen, die schließlich zu einem Rückzug führen mussten. Nach diesbezüglichen Betrachtungen wird man in Boulevardzeitungen ebenso vergeblich suchen wie in Publikationen von Tierschützern. Wie in vielen anderen Fällen wäre dem Wohl von Tieren mit genaueren Analysen besser gedient gewesen. Aber wie die Boulevardpresse lebt auch die Tierschutzbewegung von dem, was sie beklagt: Keine Tierschutzseite ohne Spendenkonto.

Die österreichischen Bauern befinden sich in der Defensive. Im neunzehnten Jahrhundert lebten 75 Prozent der Bevölkerung von der Landwirtschaft. Heute sind es zwischen zwei und drei Prozent, wobei dem noch hinzuzufügen wäre, dass in der kleinteiligen Landwirtschaft des Alpenraumes die Wenigsten ihren Hof als Vollerwerbsbauern betreiben. Die kleinen Bauern erlebten in den letzten Jahrzehnten eine systematische Entwertung ihrer Arbeit wie des über Jahrhunderte hinweg tradierten Erfahrungswissens. Ihre Handlungsspielräume sind zunehmend enger geworden. Dies spiegelt sich nicht nur in der zunehmenden Spezialisierung landwirtschaftlicher Betriebe, sondern auch in der Tatsache, dass die bäuerliche Tätigkeit in vielfacher Weise der Kontrolle außenstehender Experten und Behörden unterworfen ist. Zu diesen Experten zählen Veterinärmediziner, Tierschützer und andere. Es zeichnet sich bereits ab, dass Bauern jährlich um Betriebsbewilligungen ansuchen müssen, um eine artgerechte Tierhaltung sicherzustellen. Ob Schweine, Rinder, Kälber oder Hühner dann „glücklicher" sein werden, ist jedoch fraglich.

Färben Kühe heute noch auf den Menschen ab? Nein. Es ist die Technik, die Bewirtschaftungstechnik, die auf die Bauern abfärbt. Die Bauern werden auf recht ähnliche Weise bewirtschaftet. Die erwähnte Tierrechtlerin kam nicht allein. Sie kam in Begleitung zahlreicher Tierschützer. Während der Diskussion beklagten sie vieles, auch das Los angeketteter Rinder. Aber keiner von ihnen hatte die geringste Ahnung, wie Rinderhaltung im

Detail funktioniert, wie sich ein computergesteuerter Milchbetrieb von der Mutterkuhhaltung unterscheidet.

Um das Tierleid zu dokumentieren, dringen Tierschützer immer wieder in landwirtschaftliche Betriebe ein. Nach vorgegebenen Motiven werden Bilder produziert. Dringt man durch ein Fenster ein, so bestimmt dies wesentlich die Wahrnehmung. Eigenartigerweise hatte ich noch nie Mühe, einen Stall von innen zu sehen zu bekommen, mochte mir das, was ich dort sah, auch nicht gefallen. Man kann mit Bauern sprechen. Haben sie gerade Zeit, dann führen sie einen zumeist durch den Stall. Auch das bestimmt die Wahrnehmung.

Ein Unteroffizier liegt schwer verletzt mit zerschmettertem Arm im Dreck. Obwohl wehrlos, wird er von einem Soldaten aufs Korn genommen. Und zweifellos würde dieser abdrücken, geböte ihm nicht ein Offizier Einhalt. Der Offizier geht zum Verwundeten, drückt ihm mitfühlend die Hand und gibt Befehl, ihn an einen weniger gefährlichen Ort zu bringen. Angesichts des Gemetzels wie der Grausamkeiten sei dies, so schreibt Henry Dunant in seinen Erinnerungen an die Schlacht von Solferino, eine seltene und kostbare Ausnahme: „Oestreicher und Aliirte tödten einander auf den blutigen Leichnamen, sie morden sich mit Kolbenschlägen, zerschmettern sich das Gehirn, schlitzen sich mit Säbeln und Bajonetten die Leiber auf: kein Pardon wird gegeben, es ist ein Gemetzel, ein Kampf wilder, wüthender, blutdürstiger Thiere, und selbst die Verwundeten vertheidigen sich bis zum Aeußersten; wer keine Waffen mehr besitzt, faßt seine Gegner an der Gurgel und zerfleischt ihn mit den Zähnen. Dort findet ein ähnlicher Kampf statt, allein er wird noch schrecklicher durch das Nahen einer Eskadron Cavalerie, welche im Galopp heransprengt, die Pferde zertreten unter ihren Hufen Todte und Sterbende; einem armen Verwundeten wird die Kinnlade zerrissen, einem andern die Hirnschale zerschmettert, einem Dritten, der noch zu retten gewesen wäre, die Brust eingetreten …“ Nur wenige Zeilen später schreibt Dunant, die Pferde seien menschlicher als ihre Reiter. Bei jedem Huftritt würden sie sorgsam die Berührung der Opfer der furchtbaren Schlacht zu vermeiden suchen. Dunant erwähnt den Hund eines Offiziers, der, nachdem sein Herr gefallen ist, obwohl selbst verwundet, zu dessen Leiche kriecht, um bei seinem Herrn zu verenden. Die Tiere seien menschlicher als die Menschen. Das Motiv des anhänglichen Hundes, der auf dem Leichnam oder dem Grab seines Herrn den eigenen Tod erwartet, findet sich auch bei Schopenhauer und anderen.

Auf der Bahnstrecke Paris – Le Havre geschieht ein Mord nach dem anderen, aus rasender Eifersucht, Geldgier oder sexueller Lust. Alle Akteure, ob sie nun morden oder selbst Opfer anderer werden, sind sich gegenseitig bekannt. In Émile Zolas Roman *Das Tier im Menschen* (1890) gibt es für die Akteure kein Entrinnen. Wie mechanische Puppen zappeln sie ihrem Untergang entgegen. Freilich dachte Zola weniger an Puppen als an Tiere, an ein Zurückfallen auf eine frühere Entwicklungsstufe. Das längst überwunden geglaubte tierische Erbe gewinnt wieder die Oberhand, nicht zufällig vor allem dann, wenn es um das Paarungsverhalten geht: „Wenn zwei Wölfe in den Wäldern aufeinanderstoßen, beseitigt dann nicht der stärkere, wenn eine Wölfin da ist, den anderen durch einen Biss? Und vormals, als die Menschen wie die Wölfe in der Tiefe der Höhlen Unterschlupf suchten, gehörte da das begehrte Weib nicht dem aus der Horde, der es durch das Blut der Nebenbuhler zu erobern vermochte?“ Jacques ist von der Obsession getrieben, einer jungen Frau, die er begehrt, ein

Messer in die Kehle zu treiben. Er wird zu einem „Lebewesen einer anderen Gattung", zu einem Tier, welches dumpf knurrt und, einmal losgelassen, „tollwütig und drauf und dran ist, zuzubeißen"; er möchte losrennen „wie ein nach Fleisch gierendes Tier, das nach Blut spürt". Von einer wilden Menschenscheu wird er auf „die Stufe weiberfressender, in der Tiefe der Wälder lauernder Wölfe" zurückgeworfen. Und geht es einmal gut, so finden die beiden „auf dem Grunde des Todes die Liebe wieder, in derselben schmerzhaften Wollust wie die Tiere, die einander während der Brunst den Bauch aufschlitzen". Es bleibt ein wildes „Erwachen des Mannestiers aus der Vorzeit, das die Weibchen mit aufgeschlitztem Bauch über seine Schulter wirft und wegschleppt" als eine anderen entrissene Beute.

Lese ich Émile Zolas Romane, so bin ich mir nicht sicher, ob er all das, was er wie am Fließband produzierte, tatsächlich glaubte. Verfiel er nicht ob seiner Einfälle immer wieder in schallendes Gelächter? Flore, eifersüchtig auf den Lokführer Jacques und dessen Geliebte, möchte die beiden töten, indem sie einen Zug zum Entgleisen bringt. Die beiden überleben, während andere, die nur zufällig im Zug sitzen, zu Tode kommen oder schwer verletzt werden. In einem Abteil wird ein junges Paar entdeckt, welches infolge des Aufpralls so gegeneinander gequetscht wurde, dass die Frau ihren Mann unter sich zu ersticken droht. Kaum befreit, stirbt sie. Eine Eisenstange hat ihre Brust durchbohrt. In Flores Schädel bohrt sich, von einem „letzten Aufbegehren in Wallung gebracht", das Spitzensignal einer herannahenden Lokomotiove. Eine tödliche Umarmung. Nicht zufällig geschieht dies im Dunkeln, in einem Tunnel. Während an den Scherben des Spitzensignals mit Haaren vermengte Schädeltrümmer kleben, erweisen sich ihre Glieder als unversehrt, ohne jede Schramme, weiß, marmorweiß, „bewundernswert schön in ihrer Keuschheit und Kraft“. Jacques wird von seinem eifersüchtigen Heizer Pecqueux in den Tod gerissen und gerät mit diesem unter die Räder des Zuges. Man findet die beiden ohne Kopf und Beine. Und doch scheinen sich die beiden Rümpfe zu umklammern, als wollten sie sich immer noch ersticken. Zola kannte wohl Théodore Géricaults Gemälde *Studie von abgetrennten Gliedmaßen* (1818/19), auf dem sich zwei Rümpfe zu umschlingen scheinen.

In seiner Beschreibung der Morde trägt Zola dick auf. Den Todeskampf der Opfer blendet er aus. Zola fantasiert den Mord als ultimative Steigerung des Sexualaktes: „Inmitten dieser roten Wandbespannungen, dieser roten Vorhänge blutete sie stark, eine rote Woge, die zwischen den Brüsten dahinrieselte, sich über den Bauch bis zu einem Schenkel ergoss, von wo sie dick auf das Parkett herabtropfte. Das halb aufgeschlitzte Hemd wurde von ihr durchtränkt.“ Und dann finden sich doch zwei Beschreibungen eines Todeskampfes. Von fünf Pferden überlebt nur eines das Zugunglück, allerdings mit abgerissenen Vorderfüßen: „Es stieß ein ununterbrochenes Wiehern aus, einen nahezu menschlichen Schrei, so widerhallend und so entsetzlich schmerzvoll, dass zwei der Verletzten, davon angesteckt, ebenfalls wie Tiere zu brüllen begannen.“ Eindringlicher ist die Beschreibung des Todeskampfs der Lison, einer Lokomotive, deren Räder nach dem Aufprall nach oben zeigen, „gleich einer ungeheuerlichen, vom fürchterlichen Hornstoß eines Stieres aufgeschlitzten Stute". Verbogene Treibstangen, zerborstene Zylinder, zermalmt und aufgeschlitzt wie das daneben liegende und sich windende Pferd, aus dessen Leibeshöhle Gedärme quellen: „Die arme Lison hatte nur noch wenige Minuten zu leben. Sie kühlte ab, die glühenden Kohlen aus ihrer Feuerbüchse zerfielen zu Asche, das Fauchen, das ihren offenen Flanken so ungestüm entfahren war, klang aus in das leise Klagen eines weinenden Kindes. Mit Erde und Geifer besudelt, ward ihr, die immer so glänzte und nun auf dem Rücken in eine kohlenschwarze Lache hingesielt lag, das tragische Ende eines Luxustieres zuteil, das auf offener Straße bei einem Unfall überfahren wird. Einen Augenblick konnte man durch ihre aufgeplatzten Eingeweide hindurch sehen, wie ihre Organe funktionierten, wie die Kolben wie Zwillingsherzen schlugen, wie der Dampf in den Schiebern wie das Blut ihrer Adern kreiste; aber gleich zuckenden Armen gaben die Treibstangen nur noch ein Zittern von sich, das letzte Aufbäumen des Lebens; und mit der sie lebendig machenden Kraft, jenem unermeßlichen Atem, den gänzlich aus sich herauszupressen ihr nicht gelingen wollte, schwand ihre Seele dahin. Die Riesin mit dem aufgeschlitzten Bauch wurde noch stiller, sank nach und nach in einen ganz leisen Schlaf, verstummte schließlich. Sie war tot." Das Triebhafte, also das Tierische, kommt in der Sexualität zum Ausdruck. Eine Lokomotive kann nicht zum Tier werden. Im technischen Objekt findet sich jedoch die wahre Geliebte. Die neue Lison bewegt sich am Ende des Romans führerlos und in rasender Geschwindigkeit der Zukunft, dem Tod entgegen.

Zolas Romane sind voll von solchen Bildern. Dass er Nana als verschlingendes, „männerfressendes Weibchen", dem Tier näher als dem Menschen, zeichnet, erstaunt nicht, ist sie doch Kind eines Säufers und der Armut. Das nimmt ihr Leben bereits vorweg. In Zolas Romanen drohen auch die Gebildeten, geben sie sich dem Müßiggang hin, wieder in das Animalische zurückzufallen. Das gilt etwa für Fernande in seinem Roman *Arbeit*, deren Vergewaltigung durch einen betrunkenen, schmutzigen Arbeiter er folgendermaßen beschreibt: „Eine Flut abscheulicher Wollust, ein Strom entsetzlicher Trunkenheit ergoß sich über sie, ein wahnsinniger Schauer durchlief ihren Körper, der ihren Willen lähmte. Und diese entsetzliche Wollust entstand gerade aus der schmachvollen Erniedrigung, der sie anheimfiel, aus diesem schmutzigen Lager, aus diesem finsteren, übelriechenden Ort, diesem rasenden Mann mit der tierischen Ausdünstung, der schweißtriefenden Haut und dem von Ofenglut verbrannten Blute, aus der ganzen abscheulichen Trostlosigkeit der Fabrik, mit einem Wort, des menschenverschlingenden Ungeheuers, dessen von Flammen durchglühte Finsternis sie in einen höllischen Taumel versetzte. Das lüsterne, nach perversen Genüssen suchende Weib, das von ihrem Gatten und ihrem Geliebten so wenig verwöhnt war, kostete den letzten Abgrund der Wollust aus. Sie war willfährig, sie erwiderte die Umarmung der wilden Bestie in einer nie geahnten Verzückung, die ihr Schreie wahnsinniger Lust erpreßte, wie einem Tierweibchen, das vom Männchen im tiefen Walde begattet wird." Man darf lachen. Dennoch lohnt es sich auch heute noch, seine Romane zu lesen, nicht zuletzt deshalb, weil sie uns deutlich machen, dass sein damaliges Lesepublikum ganz andere Vorstellungen von Tieren hatte. Kehrt Zola das Tier im Menschen heraus, dann tun sich stets Abgründe auf: Wollust und Tod, mangelnde Selbstbeherrschung. Wird der Mensch zum Tier, so will er seine Bedürfnisse unmittelbar befriedigen, ohne an die Folgen zu denken. Bestenfalls hält ihn die Angst ab. Nana zerstört nicht nur ihre Liebhaber, sie zerstört mit ihnen auch ihre ökonomische Grundlage. Tiere denken nicht an die Zukunft.

In Jonathan Swifts *Gullivers Reisen* sieht sich der schiffsbrüchige Gulliver im Land der Houyhnhnms, vernunftbegabter Pferde, plötzlich auf eine Stufe mit den Yahoos gestellt, die zwar über ein menschliches Aussehen verfügen, aber alle schlechten Eigenschaften in sich tragen, die Tieren zugeschrieben werden. Yahoos fressen, schlingen und verständigen sich durch närrische Gesten und Grimassen. Die Zitzen der Weibchen hängen zwischen den Vorderpfoten herab und reichen beim Laufen oft fast bis zum Boden. Da Gulliver jedoch bekleidet ist, Schuhe, Handschuhe und einen Hut trägt, sind sich die Herren der Inseln nicht sicher, tatsächlich einen Yahoo vor sich zu haben. Wären sie sich sicher, so drohte ihm Sklavenarbeit, wenn nicht der Tod. Erst als er eines Morgens nackt von einem der Pferde gesehen wird, kann kein Zweifel mehr bestehen. Da er jedoch vernünftiger scheint als jene Menschen, die den

Houyhnhnms bekannt sind, wird ihm eine Sonderbehandlung zuteil. Die Houyhnhnms erkennen in seiner Sprachbegabung seinen großen Abstand zu den Yahoos. Sie nehmen ihn ähnlich wahr wie wir heute Primaten.

In Swifts Geschichte spiegeln sich fantasievolle Berichte über Menschenaffen und Wilde, die ihn und seine Zeitgenossen beschäftigten. Wie Menschenaffen haben sich seine Yahoos noch nicht vollständig vom Boden aufgerichtet. Sie können zwar erstaunlich gut klettern, benützen aber immer noch ihre Arme zur Fortbewegung. Sie verfügen weder über Werkzeuge, noch tragen sie Kleidung. Ihren Artikulationen fehlen alle Merkmale einer richtigen Sprache. Als Gulliver nach drei Jahren von Seeleuten aufgegriffen wird, ist es seine Sprachfähigkeit, die ihn neben seinem Gang und seiner Kleidung zu einem Menschen macht. Er versteht die in portugiesischer Sprache an ihn gerichteten Fragen, wenngleich sein wiehernder Tonfall Gelächter auslöst. Die Schwierigkeit einer klaren Grenzziehung zwischen Menschen und Affen macht bereits eine Tagebucheintragung von Samuel Pepys aus dem Jahr 1661 deutlich: „Wir wurden zu Sir W. Patten gerufen, um die seltsame Kreatur zu besichtigen, die Kapitän Holmes aus Guinea mitgebracht hat: ein großer Schimpanse, in vielem menschenähnlich, ich glaube aber, es ist eine Kreuzung zwischen einem Menschen und einem weiblichen Gorilla. Das Tier versteht schon ganz gut Englisch, wahrscheinlich kann man ihm bald die Zeichensprache beibringen." Gulliver gerät in Bedrängnis, als sich ihm ein Yahooweibchen in brünstiger Weise nähert. Dabei macht dieses keinen so hässlichen Eindruck auf ihn wie andere ihrer Art. Kein Wunder, es ist bestenfalls erst elf Jahre alt. Auch bei Buffon und anderen ist vom heißen Verlangen der Affenmännchen nach Frauen die Rede, von der freiwilligen Vermischung von Negerinnen mit Affen, was Produkte zur Folge habe, die weder der einen noch der anderen Gattung zuzuordnen seien. Noch die Naturforscher des neunzehnten Jahrhunderts wussten die „Eingeborenen" in der Nähe der Tiere anzusiedeln.

Es kann nicht den geringsten Zweifel geben: Der Mensch hat Ahnen in Tiergestalt. Immer noch tragen wir nicht nur etwas vom Wesen der Affen, sondern selbst etwas vom Wesen von Dinosauriern oder Amöben in uns. So kommt zum Beispiel in bestimmten Bewegungen, die wir machen, eindeutig Affenartiges, Reptilisches oder Fischartiges zum Ausdruck. In bestimmten Augenblicken mögen wir wesentlich mehr Affe als Mensch sein. Nur: das Wissen um diese Ahnenschaft, in zahllosen Mythologien gegenwärtig, ist uns längst abhanden gekommen und lässt sich auch durch die Genforschung, die dies eindeutig belegt, nicht mehr erschließen. Charles Darwin hatte mit seinen Erkenntnissen noch Mühe: „Unser Ahne war ein Tier, das im Wasser atmete, eine Schwimmblase hatte, eine große Schwimmflosse, einen unvollkommenen Schädel und war zweifellos Hermaphrodit. Welch eine erfreuliche Genealogie für den Menschen." Und: „Ich bin schon damit zufrieden, dass der Mensch wahrscheinlich voranschreiten wird, und es kümmert mich wenig, ob wir in einer ferneren Zukunft bloß als Wilde angesehen werden." Mochte die „Affenfrage" noch so viele Gemüter erhitzt haben, so lernten die Menschen doch rasch, sich mit ihrer animalischen Natur abzufinden und in einer seltsamen Umkehrung in den Tieren das zu sehen, woran es dem Menschen wie der Kultur mangelt.

Zolas Romane kennen viele Verweise auf Darwin. Zola, der für sich das nüchterne Auge des großen Physiologen und Vivisekteurs Claude Bernard beanspruchte, dachte beim Schreiben mehr an die Wirkung beim Publikum als an ein Abbild der von ihm beschriebenen Welt. Im Gegensatz zu Zola war Darwin ein genauer Beobachter. Darwin hatte während seines Aufenthaltes in Patagonien die Gelegenheit, einen Rückfall von der Zivilisation in die Wildnis zu beobachten. „Das Erstaunen“, schreibt Charles Darwin, „das ich empfand, als ich zuerst einen Trupp Feuerländer an einer wilden, zerklüfteten Küste sah, werde ich niemals vergessen.“ Obwohl Darwin von der Einheit der menschlichen Spezies überzeugt war, sprach er den Feuerländern jede Kultur ab, wodurch sie für ihn in die Nähe von Tieren rückten: „Die Sprache dieser Leute verdient nach unseren Begriffen kaum, artikuliert genannt zu werden. Kapitän Cook hat sie mit dem Laute verglichen, den ein Mensch macht beim Reinigen seiner Kehle; aber sicher hat kein Europäer jemals seine Kehle mit so viel harschen Gutturalen und glucksenden Geräuschen gereinigt.“ Die Elendsten von ihnen würden ihre Blöße nicht einmal mit einem Streifen, ungefähr so groß wie ein Taschentuch, bedecken. Diese armen Geschöpfe seien in ihrem Wachstum zurückgeblieben, sie würden ihre hässlichen Gesichter mit weißer Farbe beschmieren, ihre Haut sei schmutzig und fettig, ihre Haare verwirrt, ihre

Stimmen misstönend und ihre Gebärden heftig. Es fehle ihnen an höheren Geisteskräften, an Vorstellungsvermögen, Vernunft und Urteilskraft. Um eine Tellermuschel vom Felsen zu schlagen, brauche es nicht einmal List. Zwar könne man ihnen eine Geschicklichkeit in manchen Dingen nicht absprechen, aber diese sei vergleichbar mit dem Instinkt der Tiere. Sie seien unfähig, aus Erfahrungen zu lernen. Ihre armseligen Boote seien in den letzten zweihundertfünfzig Jahren dieselben geblieben. Nachts schliefen sie, nackt, kaum vor Wind und Regen geschützt, wie Tiere zusammengekrümmt auf der Erde: „Erblickt man solche Menschen, so kann man kaum glauben, daß sie unsere Mitgeschöpfe und Bewohner einer und derselben Welt sind." An Bord der Beagle befanden sich drei „gezähmte" Feuerländer, die wenige Jahre zuvor als Geiseln für ein verloren gegangenes Boot ergriffen und nach England verschleppt worden waren, unter ihnen auch ein um den Preis eines Perlmuttknopfes gekauftes Kind. In London erhielten sie Englisch- und Religionsunterricht. Dort wurden sie mit den englischen Sitten vertraut gemacht. Ihre Rückführung war als Experiment angelegt. Zum großen Erstaunen verwandelten sich die nur leidlich an europäische Sitten Angepassten, die in kürzester Zeit Höflichkeitsgesten oder den Gebrauch von Handschuhen erlernt hatten, wieder in Wilde, in Darwins Augen aber nicht in Tiere. Darwin, der die Sprachen der Feuerländer nicht beherrschte, verstand die Kultur der Feuerländer nicht, die es ihnen ermöglichte, in dieser unwirtlichen Gegend zu überleben. Die Feuerländer, die nicht eingeschleppten Krankheiten oder dem Alkohol zum

Opfer fielen, wurden von Farmern ausgerottet. Die komplexe Kultur der Feuerländer existiert nur noch in Berichten, die sich dem Ethnologen Martin Gusinde wie anderen verdanken.

Während des Ersten Weltkrieges hatte Robert Musil – er war im Fersental stationiert – ein Verhältnis mit der jungen Bäuerin Magdalena Lenzi, die er Grigia nannte, „Grigia, mit langem I und verhauchtem Dscha, nach der Kuh, die sie hatte und Grigia, die Graue, rief". Seine Geliebte war für Musil so unstandesgemäß, dass er sich nicht einmal die Mühe gab, in seiner Erzählung *Grigia*, in der er diese Episode verarbeitete, ihren eigentlichen Namen zu verschweigen. Wie ihre Kuh, die den Hang hatte, talwärts zu streben, pflegte auch sie einen Eigensinn. Für Musil stand sie den Tieren näher als dem Menschen. Hat Grigia einen viel zu schweren Rückenkorb zu tragen, so setzt sie, mögen sich ihre Knie biegen, ihre Halsadern anschwellen, auf ein Zeichen hin wie ein „still gewordenes Tier" ein Bein vor das andere. Müht sie sich mit einem Heupack ab, den es einzutragen gilt, so muss er an einen Pillendreher denken, der eine Kugel vor sich herrollt, die viel größer als er selbst ist. Und gibt sie sich ihm im Heu hin, dann ist es ihm, als läge er auf einem Käfer: „Die Frauen schließen die Augendeckel und machen ein ganz steifes Gesicht, eine Schutzmaske, damit man sie nicht durch Neugierde stört; sie lassen sich kaum ein Stöhnen entreißen, regungslos wie Käfer, die sich totstellen, konzentrieren sie alle Aufmerksamkeit auf das, was mit ihnen vorgeht. Und so geschah es auch; Grigia scharrte mit der Kante der Sohle das bißchen Winterheu, das noch da war, zu einem Häuflein zusammen und lächelte zum letztenmal, als sie sich nach dem Saum ihres Rockes bückte wie eine Dame, die sich das Strumpfband richtet.“ Während Grigia den Namen einer Kuh trägt, gibt Musil dem Mann, der sich in seiner Erzählung mit Grigia in Heuställen trifft, den Namen Homo, also Mensch. Als Grigia das Verhältnis beendet, trifft sich Homo ein letztes Mal mit ihr in einem aufgelassenen Bergwerksstollen. Er kommt darin um. Musil fantasierte sich als Opfer der Grigia. Tatsächlich endete das Verhältnis einfach deshalb, weil er an einen anderen Frontabschnitt versetzt wurde. Der Abschied dürfte ihm nicht schwergefallen sein. Dank seiner Notizen, in denen er Magdalena Lenzi ähnlich wie ein Insekt beschreibt, kann er diese bei Gelegenheit eigenen Vorstellungen entsprechend zu neuem Leben zu erwecken: „Geh ea!“, „Geh aua!“, „Wos, Teufi, do geh hea“, „I glock an bei Ihm!“, „Reut's ihn? Viel reut's ihn?“ „Denken tut er was ganz andres, i seh's ihm eini“, „Auf's g'schwindige Wiederseh'n“. Musil blieb die Welt der Magdalena Lenzi fremd. Traf er sich mit ihr im Heu und war von draußen das Poltern schwerer Schuhe auf dem Steinweg zu hören, dann wusste sie die Schritte stets richtig zu deuten, während ihm das Blut „bis in den Hals“ pochte. Wie läse sich die Begegnung, hätte Magdalena Lenzi Notizen gemacht? Wie hätte sie seinen Körper, seine Bewegungen, sein Verhalten oder seine Äußerungen beschrieben?

Die Literaturgeschichte kennt zahllose Texte, in denen Menschen auf die Seite der Tiere wechseln. Oft genug enden diese tödlich. In João Guimarães Rosas Erzählung *Mein Onkel der Jaguar* lebt ein Indiojäger davon, im Auftrag eines Großgrundbesitzers Jaguare abzuschießen. Er begibt sich buchstäblich in die Welt seiner Beutetiere. In einem gewissen Sinn schlüpft er in die Haut eines Jaguars. Er sieht den Wald, den Strauch, den Busch, die Indifferenz der Schatten mit dessen Augen. Je länger er jagt, je sicherer er tötet, umso unschärfer wird allerdings die Grenze zwischen ihm und den Großkatzen. Schließlich weiß der Indio um ihre kleinsten Wesensunterschiede und erlebt sich selbst als Teil ihres Verwandtschaftsgefüges. Dass sich seine Sprache auf eigenartige Weise verändert, sei hier nur am Rande erwähnt. Als er sich in das Jaguarweibchen Maria-Maria verliebt, gerät er in einen unlösbaren Konflikt. Auf die Seite der Jaguare gewechselt, überfällt der Indio in der trügerischen Erscheinung eines Menschen jene, die sich gleich ihm in die Steppe zurückgezogen haben. Er tötet und zerreißt sie.

Ambrose Bierce' Erzählung *Die Augen des Panthers* ist auch eine schöne Geschichte. Eine Frau wartet spätabends in einem einsam gelegenen Haus auf ihren Mann. Ihr Kind hat sie längst schlafen gelegt. Die Tür ist fest verschlossen. Das Fenster steht für ihren Mann, einen Jäger, offen. Schließlich schläft die Frau, über den Tisch gebeugt, ein. Im Traum sieht sie sich an der Wiege eines zweiten Kindes sitzen. Als sie die Decke zurückschlägt, erblickt sie den Kopf eines wilden Tieres, worauf sie aus ihrem Traum aufschreckt. Die Kerze ist längst niedergebrannt. Im offenen Fenster, nur wenige Schritte von ihr entfernt, erkennt sie die Augen eines Panthers, der sich mit den Vorderpfoten auf das Sims stützt. Sie hofft nur noch, mit ihrem Körper das Kind schützen zu können. Ihr Mann kehrt spätabends heim, er hat einen Hirsch über die Schulter geworfen und findet die Tür verschlossen. Er steigt durch das offenstehende Fenster ein und findet seine Frau am Boden sitzend, ihr Kind fest umklammernd. Es ist tot, erdrückt von seiner Mutter. Wenige Monate später gebiert sie ihr zweites Kind, stirbt aber selbst bei der Geburt.

In der Erzählung erfährt der Leser all dies erst, als Irene, dieses zweite Kind, den Heiratsantrag des Rechtsanwalts Jenner Brading zurückweist. Nie könne sie seine Frau werden. Sie sei geisteskrank. Er nötigt ihr eine nähere Erklärung ab, worauf sie die Geschichte ihrer Mutter und Geburt erzählt. Später schleicht sich Irene nachts an das Fenster ihres Geliebten. Dieser, aufgeschreckt durch ein Geräusch, greift nach der Pistole unter seinem Kopfpolster und tötet Irene im Glauben, einen Panther zu sehen, mit einem gezielten Schuss.

Irene hat zwei Väter, einen Menschenvater und einen Tiervater. In jener Nacht, in der ihre Mutter ihren Mann erwartete, teilte sich der Blick des Panthers – er ist ein Nebenbuhler – der Frau und somit dem Körper des ungeborenen Mädchens mit. Beide Väter suchen nach Beute. Beide steigen durch das Fenster ein, wenn die Tür verschlossen ist. Auch Irene treibt sich vor Fenstern herum, um – wird sie dabei überrascht – Zuflucht in Wald und Gestrüpp zu suchen. Irenes Gestalt und Bewegungen sind von großer Geschmeidigkeit. Ihr graues Kleid hat einzelne eingewebte braune Muster. Obwohl Frau, nimmt ihr Geliebter sie als Tier wahr.

Ein Hirsch paart sich mit mehreren Hirschkühen und duldet dabei keinen Nebenbuhler. Es kann zu Rangkämpfen kommen, die mit dem Geweih und den hauerartigen Eckzähnen ausgetragen werden. Das Geweih eines Hirsches bildet sich auf die Brunft hin aus. Hirsche markieren ihr Revier mit Sekreten von am Kopf und an den Füßen befindlichen Drüsen, auch mit Urin. Herausstrecken des Leckers, der Zunge, in kurzen Abständen. Hochziehen der Oberlippe, ohne einen Laut abzugeben. Zucken der Brunftrute als Zeichen geschlechtlicher Erregung. Eckzahndrohen. Hirsche investieren viel Energie in die Fortpflanzung. Wochenlang ist der Platzhirsch damit beschäftigt, alle Nebenbuhler fernzuhalten. Zum Fressen kommt er fast nicht. Alles läuft nach einem festgelegten Programm ab. Das menschliche Paarungsverhalten lässt in vielem an jenes der Hirsche denken, mag der Mensch auch seine Energie statt in ein mächtiges Geweih in prothetische Anstrengungen investieren, in Kleidungsstücke, die bestimmte Körperteile betonen, in käufliche Duftstoffe, Identitätsausstattungen aller Art, die ihn als ranghöher behaupten, oder sogar in chirurgische Eingriffe. Das Paarungsverhalten des Menschen lässt sich verhaltensbiologisch bestens beschreiben. Ein Alphamännchen wird mehr begehrt als ein kleiner Angestellter, der still am selben Tisch sitzt. Männer bevorzugen Frauen, die von anderen begehrt werden. Konkurrenz bildet einen wichtigen Stimulus. Paarungs- und Beuteverhalten,

Nahrungskonkurrenz oder Herdentrieb lassen sich wie vieles andere auf den Menschen, auf Politiker, Manager, Hausfrauen, Jugendliche oder gesellschaftliche Randgruppen übertragen. Aber im Gegensatz zu einem Hirsch kann sich der Mensch trotz aller genetischen oder hormonellen Festlegungen aus dem Programm emanzipieren. Er kann sich erinnern, erzählen. Über das Seelenleben der Hirsche weiß ich nicht Bescheid. Betrachte ich eine Hirschkuh, die am Zaun entlangtrabt, so kann ich mir nicht vorstellen, dass sie mit den Begegnungen des vergangenen Septembers beschäftigt ist.

„Der Friederich, der Friederich, / das war ein arger Wüterich! / Er fing die Fliegen in dem Haus / und riss ihnen die Flügel aus. / Er schlug die Stühl' und Vögel tot. / Die Katzen litten grosse Not …" Der böse Friederich in Heinrich Hoffmanns *Struwwelpeter* quält nicht nur Tiere, schlägt nicht nur „Stühl' und Vögel tot", sondern ist auch zu Menschen grausam. Die erste Abbildung zeigt zwei erschlagene Vögel, eine Katze, die mit einem Stein getötet wurde, sowie den tobenden Friederich, der mit seiner Peitsche auf Gretchen losgeht. Wie die Tiere ist auch Gretchen schwach. Die entsprechende Strafe folgt. Friederich wird vom Hund, den er verprügelt, gebissen. Er muss ins Bett und die bittere Medizin schlucken, die ihm ein schadenfroh lächelnder Arzt verabreicht. Der Hund nimmt Friederichs Platz am Tisch ein, verzehrt Kuchen und Leberwurst, lässt sich den Wein schmecken. Friederichs Ende ist zwar nicht so definitiv wie das von William Hogarths Tom Nero, der wegen seiner Grausamkeit hingerichtet wird und auf dem Seziertisch landet, aber auch ihm droht der Ausschluss aus der menschlichen Gemeinschaft. Wie Tom Nero wird er ein Fall für die Medizin. Tom Nero und der böse Friederich sind Prototypen des Tierquälers. Seit den Anfängen der Tierschutzbewegung zählt die Vorstellung, ein Mensch, der Tiere liebe, sei ein friedfertiger, guter Mensch, zu ihren zentralen Postulaten. Wer Tiere liebe, könne auch mit Menschen umgehen. Arthur Schopenhauer: „Mitleid mit Thieren hängt mit der Güte des Charakters so genau zusammen, daß man zuversichtlich behaupten darf, wer gegen Thiere grausam ist, könne kein guter Mensch seyn."

1915, also ein Jahr nach dem Beginn des Ersten Weltkrieges, hielt Sigmund Freud einen Vortrag über die Enttäuschungen des Krieges. Dass Kulturnationen, in denen der Einzelne um die Leistungen anderer weiß, mögen sie auch andere Sprachen sprechen, in denen sich jeder ein „größeres Vaterland zusammensetzen" kann, miteinander Krieg führen sollten, war für ihn schwer vorstellbar, noch unvorstellbarer die Grausamkeit, mit der der Krieg geführt wurde: „Er ist nicht nur blutiger und verlustreicher als einer der Kriege vorher, infolge der mächtig vervollkommneten Waffen des Angriffs und der Verteidigung, sondern mindestens ebenso grausam, erbittert, schonungslos wie irgendein früherer. Er setzt sich über alle Einschränkungen hinaus, zu denen man sich in friedlichen Zeiten verpflichtet, die man das Völkerrecht genannt hatte, anerkennt nicht die Vorrechte des Verwundeten und des Arztes, die Unterscheidung des friedlichen und des kämpfenden Teils der

Bevölkerung, die Ansprüche des Privateigentums. Er wirft nieder, was ihm im Wege steht, in blinder Wut, als sollte es keine Zukunft und keinen Frieden unter den Menschen nach ihm geben. Er zerreißt alle Bande der Gemeinschaft unter den miteinander ringenden Völkern und droht eine Erbitterung zu hinterlassen, welche eine Wiederanknüpfung derselben für lange Zeit unmöglich machen wird."

Trotz aller Kultur sei der Mensch nicht davor gefeit, wieder in das Primitive, in die Barbarei zurückzufallen. In Freuds Vorstellung verdankt sich Kultur dem Verzicht auf Triebbefriedigung. Im Leben jedes Einzelnen finde eine beständige Übersetzung von äußeren Zwängen in innere Zwänge statt. Egoistische Strebungen wandelten sich „durch erotische Zusätze in altruistische, soziale". Erlaube ein kriegführender Staat jedes Unrecht und jede Grausamkeit, für die er üblicherweise den Einzelnen streng bestrafe, träten die unterdrückten Triebregungen wieder offen zu Tage und die Menschen würden Grausamkeiten begehen, „deren Möglichkeit man mit ihrem kulturellen Niveau für unvereinbar gehalten hätte". Auffälligerweise verwirft Freud die landläufige Vorstellung, dass aus einem guten Kind ein braver Erwachsener, aus einem bösen Kind ein grausamer Mensch werde: „Die stärksten kindlichen Egoisten können die hilfreichsten und aufopferungsfähigsten Bürger werden; die meisten Mitleidschwärmer, Menschenfreunde, Tierschützer haben sich aus kleinen Sadisten und Tierquälern entwickelt."

Wurden früher all jene Tiere als Haustiere bezeichnet, die in das Gefüge menschlicher Lebensorganisation integriert waren, so werden Nutztiere wie das Rind, das Schwein oder das Huhn längst nicht mehr dieser Kategorie zugeordnet. Übrig geblieben sind jene Tiere, die Beziehungsfunktionen übernehmen. Katzen und Hunde, die heutige Wohnungen bevölkern, haben nur noch wenig mit ihren Vorfahren gemein. Nicht länger streunen sie herum, nicht länger suchen sie nach Fressbarem. Deshalb gelten sie als rein.

Die Kunstgeschichte kennt unzählige Abbildungen von Schoßhündchen. Ohne Zweifel hatten die Menschen früherer Jahrhunderte ihre Freude an solchen Tieren, aber mit der Tierliebe des modernen Menschen hatte all dies nichts zu tun, mochten solche Hündchen auf Abbildungen auch in den Armen gehalten werden oder Blicke mit Menschen tauschen. Im Alltag wurden sie vor allem als Spielzeug betrachtet. Genügend Literaturbeispiele belegen, dass man mit ihnen ziemlich grob umgehen konnte. Diesen sorglosen Umgang mit Hunden und Katzen kennen wir heute allenfalls noch von Kindern, die dabei von Erwachsenen rasch in ihre Schranken gewiesen werden. In der Kunstgeschichte des sechzehnten bis achtzehnten Jahrhunderts kommt Schoßhündchen vor allem eine symbolische Bedeutung zu. Sie konnten Jungfräulichkeit ebenso bezeichnen wie geschlechtliches Begehren, den Platz eines möglichen

Kindes besetzt halten oder einfach dazu dienen, im Bildaufbau den Blick der abgebildeten jungen Frau zu binden, um sie der ungenierten und distanzlosen Betrachtung preiszugeben.

Das weiße Hermelin auf Leonardo da Vincis Gemälde *Dame mit dem Hermelin* (1489/90) lässt beim ersten Hinsehen an ein Kuscheltier denken. Das sonst unruhige Tier scheint sich an den Menschen so sehr gewöhnt zu haben, dass es sich ohne Scheu den Armen der jungen Frau anvertraut. Tatsächlich wird mit Hilfe des Tieres jedoch mehr die junge Frau bezeichnet als eine Beziehung angedeutet. Das Hermelin ist ein Hinweis auf Zeugung und Geburt. Für die alten Griechen war es das Tier des Lebens- und Liebesgenusses, weshalb sie es in enger Beziehung zu Aphrodite sahen. Man dachte, es begatte sich durch den Mund und gebäre durch das Ohr. Das hat wohl mit den Erdlöchern zu tun, in denen das Hermelin verschwindet, von denen es geradezu verschluckt wird, um dann plötzlich wieder an anderer Stelle aufzutauchen. Seine weiße Farbe symbolisierte Jungfräulichkeit und Makellosigkeit. Leonardo schreibt in seinem *Bestiarium*, nur um seine Anmut nicht zu beflecken, ziehe es das Hermelin vor, von den Jägern gefangen zu werden, statt in eine schmutzige Höhle zu flüchten. In diesem Zusammenhang weist das Hermelin die junge Frau als Braut aus. Im Gegensatz zu einem Schoßhündchen trägt Leonardos Hermelin, mag es sich noch so sehr an den Menschen gewöhnt haben, immer noch etwas Raubtierhaftes an sich, was besonders in seinen gespreizten Krallen zum Ausdruck kommt. Es bezeichnet also nicht nur Jungfräulichkeit und Makellosigkeit, sondern ebenso das sexuelle Begehren. Eine der Vorderpfoten stützt sich auf das Rot des geschlitzten Ärmels, dessen Vaginalsymbolik offenkundig ist.

In der Kunstgeschichte hat es lange gedauert, bis die Aufmerksamkeit dem Hund als Motiv galt. Eines der wenigen frühen Beispiele, die aus dem Rahmen fallen: Francisco de Goyas Gemälde *Der Hund* (1820/23). Ein Hund in gespenstisch karger Landschaft – nur sein Kopf ist sichtbar – scheint auf eine imaginäre Bedrohung zu starren. Dieser Hund dient nicht dazu, die Leere zu füllen. Vielmehr droht er in der Leere verloren zu gehen. Der Hund wirkt traurig. Er blickt, aber da gibt es kein Gegenüber, welches zu antworten vermöchte. Sein Blick verliert sich in indifferentem Licht, in der Leere. Goyas Hündchen, alles andere als ein Schoßhündchen, begegnet uns wieder in Pierre Bonnards *Die rotkarierte Tischdecke* (*La nappe aux carreaux rouges*, 1910). Auch Bonnards Hund scheint zu verschwinden, allerdings hinter der Kante eines runden Tisches mit einer rotkarierten Decke. Auch er blickt erwartungsvoll nach oben. Mögen sich Haltung und Blick auch kaum geändert haben, ins Leere starrt dieser Hund nicht. Er wartet auf einen Leckerbissen, eine Aufmerksamkeit. Dieser Hund hat ein Gegenüber: Marthe, die Frau des Malers, nachdenklich am Tisch sitzend. Ihr Blick ist nicht auf den Hund gerichtet. Wohl seit Hunde vom Menschen gefüttert werden, können sie ihn so anblicken. Bonnards Hund teilt den Raum mit der Frau. Mögen die Unterschiede zwischen den beiden noch so groß sein, mögen sich ihre Wünsche auch auf andere Dinge richten, so verharren doch beide, als würde allein das Warten zu einer Änderung ihrer Situation führen. Bonnards Gemälde lässt an eine Abbildung von zwei Personen denken. Wir sehen nicht eine Frau mit einem Hund, sondern eine Frau und einen Hund.

Das statistische Zentralamt erhebt nicht nur Geburtenraten oder den jährlichen Windelverbrauch, es zählt auch penibel die in unseren Wohnungen lebenden Tiere. Das Ergebnis dieser Zählerei: Während weniger Kinder geboren werden, nimmt die Anzahl an Haustieren zu. An dieser Stelle ließe sich zu einer langen Abhandlung über Individualisierung und mögliche Anpassungsleistungen ansetzen. Besser ist es, Kurt Vonnegut zu zitieren, der als amerikanischer Kriegsgefangener im Keller eines Schlachthofes die Bombardierung Dresdens überlebte – eine Erfahrung, die er später in seinem Roman *Schlachthof 5 oder Der Kinderkreuzzug* verarbeitete: „Okay, jetzt wollen wir ein bißchen Spaß haben. Reden wir über Sex. Reden wir über Frauen. Freud hat gesagt, er wisse nicht, was Frauen wollen. Ich weiß, was Frauen wollen: jede Menge Menschen, mit denen sie reden können. Worüber wollen sie reden? Sie wollen über alles reden. Was wollen Männer? Sie wollen viele Kumpels, und es wäre ihnen lieb, wenn die Leute nicht immer so böse auf sie wären. Warum lassen sich heutzutage so viele Menschen scheiden? Weil die meisten von uns keine riesen Sippe mehr haben. Wenn früher ein Mann und eine Frau heirateten, bekam die Braut eine Menge mehr Menschen, mit denen sie über alles reden konnte. Der Bräutigam bekam mehr Kumpels, denen er blöde Witze erzählen konnte. Ein paar Amerikaner, aber sehr wenige, haben immer noch Riesensippen. Die Navahos. Die Kennedys. Aber die meisten von uns, wenn wir heutzutage heiraten, werden nur eine weitere Person für die andere Person. Der Bräutigam bekommt einen neuen Kumpel dazu, aber der ist eine Frau. Die Braut bekommt einen weiteren Menschen, mit dem sie über alles reden kann, aber der ist ein Mann. Wenn heutzutage ein Ehepaar Krach hat, glaubt es vielleicht, es geht um Geld oder Macht oder Sex oder Kindererziehung oder sonstwas. In Wirklichkeit sagen die beiden zueinander, ohne sich das klarzumachen: ‚Du bist nicht genügend Leute!'"

In der Autowerbung, die sich an alleinerziehende Mütter wendet, ersetzt der Hund den abwesenden Mann. Werbespots, die sich an Senioren richten, können sich in ähnlicher Weise eines Hundes bedienen, um die Lücke der abwesenden Kinder zu schließen. In den klassischen Fernsehserien wird ein Tier – sei es nun ein Hund, ein Pferd oder ein Delfin – Teil einer menschlichen Gemeinschaft, mag es auch eine Brücke zwischen dem Menschen und der Natur schlagen. Nicht zufällig handelt es sich meist um unvollständige Familien. In der Serie *Flipper* fehlt die Mutter, in der Serie *Lassie* in einem Großteil der Folgen der Vater. Es werden überschaubare soziale Strukturen gezeigt, deren Brüchigkeit hinter einer äußeren Bedrohung verschwindet. Am Ende der Folge ist die Welt wieder in Ordnung. Es ist müßig, auf den grundlegenden Widerspruch zwischen den Identifikationsangeboten und dem tatsächlichen Verhalten der Tierhelden hinzuweisen. Der Hund Lassie im Produktionskontext der Filmindustrie ist austauschbar. Tatsächlich wurden mehrere Hundedarsteller verbraucht.

Tiere nehmen den Platz von Kindern oder Partnern ein. Konkret treten sie an deren Stelle. Hunde und Katzen sind dafür ideale Objekte. Verhält sich jemand nicht grundsätzlich gegen ihr Wesen und werden sie von klein auf daran gewöhnt, so fügen sie sich willig in fremde Wünsche. Sie erlauben sogar die Vorstellung, man könne zu ihnen in eine wirkliche Beziehung treten. Die Gesten, mit denen wir Hunden und Katzen begegnen, erinnern durchwegs an jene, die wir gegenüber Kindern an den Tag legen. Wir füttern, versorgen und streicheln sie. Zeitlebens bleiben sie in einem Zustand kindlicher Abhängigkeit, dies auch dann, wenn sich die typischen Alterserscheinungen zeigen: entzündete und tränende Augen, Gelenkerkrankungen und andere Beschwerden. Zu Familienmitgliedern geworden, unterliegen Tiere dem Verbot des Verzehrs. Ein Haustier verspeisen, das wäre ja fast, als würde man sich einen Verwandten einverleiben. Allerdings stammen wir nicht von ihnen ab, sondern nehmen sie an Kindes statt an. Von ihnen sind weniger Enttäuschungen als von Kindern zu erwarten. Man kann sie leichter loswerden als Kinder und bei Bedarf ersetzen.

In Apuleius' Roman *Der goldene Esel* wird Lucius durch einen bösen Zauber in einen Esel verwandelt. Gnadenlos wird er in der trügerischen Erscheinung eines Esels misshandelt, buchstäblich durch die Geschichte geprügelt. Keine Stelle seines Körpers ist vor Schlägen sicher. Niemand hat auch nur das geringste Mitleid mit ihm, mag noch so viel Blut und Eiter aus seinen Wunden spritzen. Apuleius hat Witz. Er treibt das Motiv auf die Spitze: Auch die schöne Dame, die sich den Esel für eine Nacht kauft, um sich ihm hinzugeben, ist nicht in der Lage, den Menschen im Esel zu sehen. Sie kann sich ihm schamlos hingeben, weil Lucius für sie ein Tier ist. Aber auch wenn sie ihn für einen Esel hält, so ist sie doch wirklich verliebt. An der Echtheit ihrer Empfindung ist nicht zu zweifeln. Durch die Erzählung des Lucius wird die Frau plötzlich selbst mit menschlichen Augen betrachtet: „Angst und bange war ich aber dennoch, wie bei so langen Stakenbeinen den Thron der Liebe zu besteigen? Wie so sanfte, zarte, glänzende, von lauter Milch und Honig übergossene Glieder mit eisernen Hufen zu umfassen? Wie so kleine, ambrosiaduftende Purpurlippen mit einem so plumpen Maul mit ungeheuren garstigen Zähnen zu küssen? Und wie endlich, möchte die Dame auch vor Lust bis in die äußersten Fingerspitzen glühen, ein so übergroßes Opfergefäß hinein in das enge Heiligtum der Wollust zu bringen sei? ‚Wehe dir', dacht ich bei mir selbst, ‚wenn du eine so vornehme Dame zerreißt!' [Aber] sooft ich, ihrer schonend, mein Hinterteil zurückzog, sooft flog sie elastisch in jähem Schwunge mir nach, und so fester und fester mit ihren Armen mein Rückgrat umfassend, schloß, drückte, preßte, schmiegte sie sich brünstiger an mich." Als Lucius seine menschliche Gestalt wiedererlangt, kehrt er zu seiner Geliebten zurück. Er wird von ihr zurückgewiesen.

Nicht zufällig werden Beziehungstiere oft in ähnlicher Weise wie Kinder fotografiert. Sind sie ohne Menschen abgebildet, dann sehen wir sie in ihrem Kistchen, an ihrem Lieblingsplatz, oft auch in niedlichen oder komischen Positionen. Betrachtet man solche Aufnahmen, so erfahren wir bestenfalls etwas über die Rasse oder das Alter, aber kaum etwas über das Wesen des abgebildeten Tieres. Die leidenschaftliche Besetzung durch den Fotografen oder die Fotografin vermag sich ebensowenig mitzuteilen. Die Tiere wirken austauschbarer als ihre Umgebung. Man erfährt mehr über Wohnungseinrichtungen, Teppichböden, Wandschmuck oder Bekleidungsstücke in diesem oder jenem Jahrzehnt als über die abgebildeten Tiere. Ironischerweise wirken sie für den distanzierten Betrachter wie Leerstellen. In fremde Hände gelangt, droht der Hintergrund das besetzte Objekt, ohne welches es die Aufnahme nicht gäbe, zu verdrängen.

Auf meinem Schreibtisch steht ein kleines Krokodil mit Sonnenschirm und Handtasche, als promenierende Dame in Form gebracht, von Schülerinnen eines katholischen Mädcheninternats in den 1960er Jahren in Kolumbien ausgestopft, eines von vielen, als Dank für Spenden oder in der Hoffnung, weitere Spenden zu lukrieren. Nur zu gerne wüsste ich, was diese Mädchen dachten. Die Mädchen, die in dem Augenblick, in dem ich dies schreibe, am Nebentisch sitzen, würden wohl hysterisch kreischen, hätten sie erschlagene Krokodilbabys aufzuschneiden, auszunehmen, die Häute zu trocknen, später auszustopfen und zuzunähen. Zweifellos müsste ihnen die erzieherische Absicht, nämlich vor den Gefahren der Eitelkeit zu warnen – das Krokodil gibt sich eitlem Nichtstun hin –, völlig unverständlich sein.

Tiere versprechen Beziehungsfähigkeit, die Menschen nicht in der Lage sind einzulösen. Wer sich heute noch verliebt, gilt – abgesehen von Jugendlichen, bei denen wir über diesen entwicklungsbedingten Zustand hinwegsehen – als nahezu krank. Nirgends wird unsere Bedürftigkeit so offensichtlich wie im Zustand des Verliebtseins. Oft folgt eine schmerzende Enttäuschung. Mit Tieren bleibt man davon verschont. Nie vermögen sie uns wirklich zu enttäuschen; auch dann nicht, wenn sie sich entgegen allen in sie gesetzten Erwartungen verhalten. Aber oft sind es traurige Tiergestalten, mit denen wir uns umgeben. Oft sind sie vollkommen neurotisch, fast ausschließlich auf den Menschen fixiert. Viele dieser Tiere erinnern an Kinder, die nur im Kontext von Erwachsenen funktionieren und auf sich selbst gestellt unfähig bleiben, Interesse an der Welt zu zeigen. Wenn auch auf andere Weise, so sind sie doch ähnlich verkümmert wie die Tiere im Zoo oder in den Mastbetrieben. Sie sind weit entfernt von jenen Möglichkeiten, die in ihnen angelegt sind. Heutige Haustiere werden zwar in Beziehungskonstrukten gedacht, aber es kann keinen Zweifel geben, dass die häusliche Ausbeutung jener in den Betrieben der Agrarindustrie in nichts nachsteht.

Im Gegensatz zu den Stadtbewohnern mussten Bauern den Unterschied zwischen Mensch und Tier ständig betonen, kannten sie doch über Generationen hinweg die tiefsitzende Angst, die Grenze zu den Tieren nicht klar ziehen zu können. Im Gegensatz zu unserer tierliebenden Welt waren in der kleinbäuerlichen Welt Menschen und Tiere in einem unmittelbaren Funktionskreis aufgehoben. Der oft grobe Umgang mit Tieren diente auch dazu, den Abstand zu behaupten und zu wahren. Tatsächlich waren die Übergänge zwischen Mensch und Tier fließend, mochte sich die Trennung zwischen Haus und Stall auch längst durchgesetzt haben und das Tier aus den Wohnräumen der Menschen verbannt sein. Gab es kein Pferd und keine Kuh, spannten sich die Bauern selbst vor den Pflug und bürdeten sich das auf, was sie, wäre es möglich gewesen, Tieren aufgebürdet hätten. Was wurde nicht alles getragen! Heu und Holz, Steine und Zement, Ziegel und Balken, Stroh und Mist, Milch und Obst, vor allem immer wieder Werkzeuge. Selbst wenn Bauern glaubten, man könne etwas davon lernen, wie Katzen mit ihren Jungen umgehen, so kamen sie doch nie auf die Idee, sich selbst als Teil der Tierwelt zu begreifen. Mochte ein Hund noch so anhänglich sein, nie hätte man ihn als Familienmitglied behandelt oder empfunden. Gefüttert wurde er bestenfalls mit Tischabfällen. Katzen mussten sich selbst versorgen. Einzig Milch wurde ihnen zugestanden, als Dank dafür, dass sie Mäuse fingen. Die Katzen waren scheu. Während des Melkens warteten sie in sicherer Distanz darauf, dass ihre Milchtasse gefüllt wurde. Als Katzenschüsseln dienten aussortierte Tassen, Tassen mit Sprüngen oder ohne Henkel.

Unzweifelhaft haben Bauern ihre Kühe oft geschlagen. Aber dieselben Bauern standen in einem engen, oft auch leidenschaftlichen Verhältnis zu ihren Tieren. Was war schon ein Bauer ohne seine beste Kuh, was war eine Kuh ohne ihren Bauern! Da gab es nicht nur Schläge, sondern auch zärtliche Gesten und Blicke. Von Bauern wie von Kühen. Mit Tierliebe in unserem Sinn aber hatte all dies nichts zu tun.

Pierre Bonnard verdanken wir viele Tierabbildungen. Mit wenigen Strichen wusste er einen Hund, eine Kuh, einen Pfau oder ein anderes Tier darzustellen. Seine Hundeabbildungen spiegeln vor allem die alles andere als einfache Beziehung zwischen dem Künstler und seiner Frau Marthe. Die beiden blieben kinderlos. Hunde nahmen diese Leerstelle ein. Auf manchen Gemälden wirken die Hunde denn auch geradezu gespenstisch.

Nach wiederholten Beschwerden seiner Nachbarn über nächtliches Bellen tötet ein Mann seinen Hund. Er fesselt das Tier mit Hilfe eines freigelegten Stromkabels auf einer Luftmatratze und schiebt den Stecker in die Dose. Anschließend ruft er den Tierarzt an: „Kommen Sie, ich habe meinen Hund ermordet!" Der herbeigeeilte Tierarzt findet den Mann weinend neben dem getöteten Hund auf der Luftmatratze. Der Tierarzt erstattet keine Anzeige. Seiner Meinung nach ist der Tod des Tieres schnell und schmerzlos erfolgt. Die Nachbarn verständigen den Tierschutzverein, der seinerseits wiederum die Boulevardpresse über den Vorfall unterrichtet. So wird aus einem obskuren Ereignis eine Geschichte, die in den Diskurs eingeht, wie unsere Lieblinge richtig zu töten sind. Um das dargestellte Ereignis selbst geht es nicht. Auch nicht um den bedauernswerten Hund. Aus der Matratze und den blanken Stromkabeln wird ein „elektrischer Stuhl", aus der Tötung eine „Hinrichtung", aus dem Wohnzimmer eine „Folterkammer". Sexuelle Untertöne dürfen nicht fehlen. Der Mann tötet nicht einfach seinen Hund, sondern „Mädi", also sein Madchen. Der auf dem Hund liegende Mann lässt nicht nur an Trauer, sondern auch an erlebte Befriedigung denken. So wird der „Hundemord" zum Lustmord. Zur Forderung, der Tod eines Tieres müsse rasch und schmerzlos erfolgen, fügt sich nun die Forderung, dass Tiere nicht mutwillig getötet werden dürfen. Das tausendfache Töten von Nutztieren aus Gründen der Seuchenbekämpfung oder Marktstabilisierung macht deutlich, wie relativ diese Forderung ist.

Laut Tierschutzgesetz darf ein Wirbeltier nur töten, wer über die dazu notwendigen Kenntnisse verfügt. Nach den Schlachttieren werden nun Hunde, Katzen und andere Beziehungstiere in das Gewaltmonopol des Staates eingefügt. Tierhalter, die ihre Hunde oder Katzen selbst töten, werden mangelnder Affektkontrolle wie der Lust am Töten verdächtigt. Die Antwort auf die Frage, wie denn nun unsere tierischen Lieblinge richtig zu töten seien, lautet also nicht, sie so zu töten, dass sie keinen Schmerz empfinden, sondern, dies von einem Tierarzt durchführen zu lassen. Er verspricht, Tiere ohne alle Affekte und nach sachlichen Kriterien zu töten. Metzger oder Bauern, die früher für das Töten von Tieren zuständig waren, haben ihre diesbezügliche Kompetenz weitgehend verloren. Jäger erlegen zwar immer noch, aber heute kann man nicht mehr, so wie dies in meiner Kindheit noch durchaus üblich war, den eigenen Hund – sei es, weil er den Briefträger gebissen hatte, oder einfach deshalb, weil man ihn als lästig empfand – zu einem Jäger bringen und von diesem erschießen lassen. Zwar gibt es in den Schlachthöfen immer noch Metzger, aber die Aufsicht über das „tierschutzgerechte“ Töten obliegt Veterinärmedizinern.

Vorstellungen über die angemessenste Form des Tötens von Tieren verdanken sich entscheidend jenen Erfahrungen, die bei Hinrichtungen gesammelt wurden. Die Einführung der Guillotine ist diesbezüglich als wichtiges Datum zu nennen, zumal sie behauptete, den Tötungsakt zu einem rein sachlichen Vorgang zu machen, die Hinrichtung ohne Ansehen der Person zu ermöglichen, diesem Akt das Peinliche zu nehmen, den Verurteilten schnell (augenblicklich) zu töten, ohne ihm dabei Schmerzen zuzufügen. Mit der Guillotine tauchten bis dahin nie gestellte Fragen auf. Tritt der Tod tatsächlich augenblicklich ein, verliert der abgetrennte Kopf sofort jedes Bewusstsein, kennt dieser (der Rumpf blieb unbeachtet) noch Empfindungen? Zu diesen Fragen entspann sich eine lange Kontroverse. Wenn im Gehirn der Sitz der menschlichen Empfindungen lokalisiert sei, so müsse diese Empfindungsfähigkeit auch nach dem Abtrennen des Kopfes eine Zeitlang erhalten bleiben, genauso wie der am Hals erlittene Schmerz noch nachwirke. Während die letzten Regungen im Gesicht von den einen als Lebenszeichen gedeutet wurden, sahen andere in der expressiven Mimik im Gesicht des Enthaupteten nur Reflexe und Zuckungen ohne den Schatten einer Wahrnehmung. Die Ärzte der Zeit waren durchaus geteilter Meinung. Der deutsche Physiologe Samuel Thomas von Soemmerring zählte zu jenen, die zu beweisen versuchten, dass bei einer so plötzlichen Trennung des Kopfes vom Rumpf das Bewusstsein des Hingerichteten und somit auch die Schmerzempfindung noch längere Zeit erhalten bleiben. Er sah in der Enthauptung die schmerzhafteste Todesart, da der abgeschlagene Kopf das fürchterliche Bewusstsein seiner Schmerzen empfinde, und fügte hinzu, dass ein abgehauener Kopf reden oder schreien würde, passte man ihm eine „künstliche Lunge“ an: „Im Kopf, der vom

Körper durch die Hinrichtung getrennt wird, bleiben Empfindung, Persönlichkeit, das Ich, einige Zeit noch am Leben, und er empfindet den Nachschmerz, von dem der Hals betroffen ist. Wenn nun aber der Grundsatz, daß der Sitz der Fähigkeit zu fühlen sich im Gehirn befindet, nicht angefochten werden kann, so ersehen wir daraus die Folgen, die dadurch entstehen. Solange also auch das Gehirn seine Lebenskraft bewahrt, besitzt auch der Hingerichtete das Gefühl seines Daseins. All die auffallenden Erscheinungen, die durch eine große Zahl von glaubwürdigen Beobachtern … belegt werden, beweisen, daß der Kopf seine Lebenskraft noch lange behält … Andere haben mir versichert, gesehen zu haben, wie der Kopf mit den Zähnen knirschte, als er schon vom Körper getrennt war – und ich bin überzeugt, daß, wenn weiter ein regelmäßiger Luftstrom durch die Stimmorgane, falls sie nicht zerstört wurden, fließen würde, dieser Kopf sprechen könnte."

In Romanen und Erzählungen ging die Diskussion nahezu immer zugunsten der Leidensfähigkeit des abgeschlagenen Kopfes aus – verständlicherweise, erlaubt dies doch die Identifikation mit dem Opfer. Diese Auseinandersetzung prägte das Schmerzverständnis der frühen Tierschutzbewegung wesentlich. Sie fand, bezogen auf das Töten von Tieren wie Ferkeln, Hühnern, Fischen oder Krebsen, wenn auch mit zeitlicher Verzögerung, ihren Niederschlag in der Kochbuchliteratur wie in Haushaltsratgebern der Zeit.

Noch im achtzehnten Jahrhundert war das Töten von Tieren in der Küche eine selbstverständliche Angelegenheit: „Nimm schöne große und fleischigte Hünl, bereite einen Essig und gemischtes Gewürz, lasse es übereinander sieden, gieße es dem lebendigen Hünl durch einen Trachter ein in den Hals, geschwind mit einem Spagat zusammengebunden, damit sie tod werden; fange an bey denen Füssen, und ziehe ihnen die Haut ab, wie bei denen Häseln, schneide sie auf, nimm das Ingeweid heraus, das Blut aber lasse in ein Häferl mit wenig Essig rinnen, und aufbehalten." Damals war das Schlachten von Tieren in der Küche noch so selbstverständlich, dass es nur dann Eingang in ein Kochbuch fand, wenn der Tötungsakt Teil der Zubereitung war und so ein besseres Gericht versprach. Kleine Fischchen wurden lebendig paniert und direkt in heißes Schmalz gegeben. Neunaugen konnten auch einfach mit Salz bestreut werden.

Wohl auch im Zuge der Auseinandersetzungen um die Empfindungsfähigkeit abgeschlagener Köpfe tauchte in Kochbüchern nunmehr die Vorstellung auf, auch Tiere könnten Schmerz empfinden, weshalb der Vorgang des Tötens rasch zu geschehen habe. Frühere Tötungspraktiken wurden plötzlich als grausam beschrieben und als Tierquälerei verworfen. Es herrschte allerdings noch Unklarheit, wie das Töten am besten zu geschehen habe. Während die einen empfahlen, Fische durch einen oder mehrere Schläge auf den Kopf mit einem Hammer oder einem anderen stumpfen Gegenstand zu töten, bedienten sich andere des Messers. Während die einen den Messerrücken, einen Fleischklopfer oder die flache Seite eines Beils empfahlen, schlugen andere vor, mit einem spitzen Messer zwischen Kopf und Rückgrat zu stechen oder der Länge nach in den

Schwanz zu schneiden oder einen Stich unterhalb des Maules zu machen. Schließlich setzte sich die Meinung durch, das Töten sei für die Fische dann mit den geringsten Qualen verbunden, wenn die Nervenbahnen zwischen Kopf und Körper mit einem raschen Schnitt durchtrennt würden. Am besten sei es, den Fisch durch einen Schlag auf den Kopf zu betäuben und ihm dann dicht hinter seinem Kopf mit einem scharfen Messer das Rückgrat durchzuschneiden. Auf diese Art seien die Nerven, welche zum Gehirn führen, vollständig von diesem getrennt. Dem Fisch fehle so jedes Schmerzempfinden.

Diese Auseinandersetzung um das richtige Töten von Tieren fällt in eine Zeit, in der zumindest in bürgerlichen Küchen (Kochbücher richteten sich an ein bürgerliches Publikum) nur noch selten Geflügel oder Fische geschlachtet wurden. Neue Konservierungstechniken wie das Pasteurisieren von Fleisch oder die Möglichkeit, dieses zu kühlen und über weite Entfernungen zu transportieren, ließen die Distanz zwischen den Orten der Produktion und jenen des Verzehrs immer größer werden. Die neue Empfindsamkeit verdankte sich der Industrialisierung wie der Ökonomie des Lebens.

obwohl wir beide bier lieben
bestellt mein liebster beim ausgehen
immer bier und ich einen pelinkovec

mein liebster hat wunderschöne hände
er kann es sich leisten ein halblitergetränk zu trinken

und seine hände die ganze zeit über dem tisch zu halten
hundertmal an einem abend nimmt er das glas und stellt es ab

meine hände sind zerkratzt und das macht sie hässlich
wenn man den pelinkovec vor mich hinstellt
kippe ich schnell das glas trinke den inhalt auf ex aus
und verstecke schnell meine hände meistens stecke ich sie in
die taschen

wenn die katze meines liebsten junge hat
wirft er sie gegen die wand spätestens
nach dem dritten wurf sterben die tiere

ich fülle einen kübel mit wasser und ertränke sie
wenn sie um ihr leben kämpfen
bohren sich ihre krallen tief ein

Ein Gedicht der slowenischen Autorin Stanka Hrastelj. Selbst- und Fremdwahrnehmung, in die sich Tiere, in diesem Fall neugeborene Kätzchen, schieben, derer man sich entledigen muss. Kätzchen zu töten, indem man sie gegen die Wand wirft, ist mir noch aus meiner Kindheit in Erinnerung. Im Gegensatz zur Behauptung des Gedichts waren die Kätzchen auf den ersten Wurf hin tot. Man hielt das Kätzchen an den Hinterbeinen und ließ es mit einer heftigen Schleuderbewegung an eine Mauer oder eine Wand klatschen. Katzen ersäufen oder sie in einen Sack zu stecken und in den Wald zu werfen, das galt als roh.

Die Frage, ob ein abgeschlagener Kopf Bewusstsein und Schmerzempfindungen hat, wurde nie wirklich geklärt. Sie wurde durch andere Fragen verdrängt, neue Erkenntnisse, Technologien und Interessen. Im Bild der Guillotine finden sich gleichermaßen das öffentliche Schauspiel wie die Idee der Manufaktur wieder. Im Zuge der Industrialisierung verlor das eine wie das andere seine Bedeutung. An die Stelle des Henkers trat der Ingenieur. Der elektrische Stuhl ist die Tötungsmaschine des ausgehenden neunzehnten Jahrhunderts. In ihm verdichteten sich die Faszination für elektrische Energie und der Fortschrittsglaube der Zeit. Mit Hilfe der Technik hob sich die Welt aus ihrem Schmutz. Der elektrische Stuhl versprach, das grausame Töten hinter sich zu lassen. Der Tod sollte schmerzlos und hygienisch sein und vor allem sofort eintreten. Dies war bereits das Versprechen der Guillotine, doch die Schreckensherrschaft hatte diese Maschine in Verruf gebracht. Vor allem sollte nicht länger Blut fließen. Es war kein Zufall, dass gerade Edison, die Personifizierung des technischen Fortschritts, damit beauftragt wurde, den neuen Tötungsapparat zu konstruieren. Wurde die Guillotine noch an drei „Cadavern" erprobt, mussten nun, da die Tötung mit Hilfe von elektrischem Strom von verschiedenen Faktoren abhängt, umfangreiche Experimente angestellt werden. In diesen Versuchen verbrauchte Edison eine Unzahl von Tieren wie Hasen, Katzen,

Hunden, Schafen und Kälbern, auch eine Kuh und ein Pferd. Beim ersten Tier, welches er „hinrichten" ließ, handelte es sich um ein Kalb. Da half kein treuherziger Blick.

Der erste Mensch, der am 6. August 1890, also im selben Jahr, in dem Émile Zolas Roman *Das Tier im Menschen* erschien, auf dem elektrischen Stuhl hingerichtet wurde, ein Mann mit dem Namen William Kemmler, wurde selbst mehr den Tieren als den Menschen zugeordnet. Es handelte sich um einen Straßenverkäufer aus tristen Verhältnissen, der seine Geliebte im Streit mit einer Axt erschlagen hatte. Nach dem schrecklichen Verbrechen ging er in eine Bar und erzählte, er habe seine Frau getötet. Er ließ sich ohne Widerstand festnehmen. Dem grausamen Töten, der tierischen Wut des William Kemmler, sollte in der Maschine das saubere, emotionslose und rationale Töten entgegengestellt werden. Die erste Hinrichtung verlief nicht ohne Komplikationen. Der Strom musste ein zweites Mal eingeschaltet werden, so lange, bis der Körper des Festgeschnallten schließlich Feuer fing. Nur wenige Minuten nach der Hinrichtung soll einer der Techniker, der an der Entwicklung des elektrischen Stuhls beteiligt war, gesagt haben, ab heute befinde sich die Menschheit auf einer höheren Zivilisationsstufe. Auch wenn der Ablauf selbst nicht den Erwartungen eines kurzen und schmerzlosen Todes entsprach, so war mit dieser ersten Hinrichtung auf dem elektrischen Stuhl eine zwar wenig beachtete, aber doch entscheidende Neuerung verbunden: Zum ersten Mal wurde eine Hinrichtung arbeitsteilig durchgeführt. Mehrere Männer waren an der Hinrichtung beteiligt. Der Ablauf sah keine einzelne Person mehr vor, die tötet, obwohl getötet wurde. Der Tod folgte auf die Betätigung eines Kippschalters, einer an sich vollkommen harmlosen Bewegung. Er wurde aus der Distanz ausgelöst. Niemand legte mehr Hand an, wenn man von jenen Beamten absieht, die den Delinquenten auf dem Stuhl festschnallten und die Elektroden an seinem Körper befestigten. Nach seiner komplikationsreichen Hinrichtung stellte Edison neue Versuche an, um das Verfahren zu verbessern.

Die inzwischen höchste Stufe dieses „zivilisatorischen Fortschritts" findet sich dort, wo sich der Hinrichtungsstuhl zum Bett verwandelt, zum Narkosebett. Jetzt treten Ärzte an die Stelle der Elektroingenieure. Noch eine entscheidende Neuerung: Die tödliche Injektion folgt der Betäubung. Der entscheidende Augenblick liegt in der Verabreichung von Narkotika, von Beruhigungsmitteln und Muskelrelaxantien. Die eigentliche Hinrichtung wird so zu einem symbolischen Akt. Wer sich nicht wehrt, leidet nicht, wer betäubt ist, wehrt sich nicht und leidet nicht. Werden Tiere eingeschläfert, wird verständlicherweise ein wesentlich geringerer Aufwand betrieben. Aber die Parallelen sind unübersehbar.

Wer stark sediert ist, kann sich nicht mehr artikulieren. Er ist betäubt, ruhiggestellt, passiv. Die Betäubung erzeugt einen unnatürlichen Schlaf, eine Art Tod. Der Tod ist dabei bereits vorweggenommen. Die Betäubung lässt den Tod unwirklich werden. Wer seine Katze einschläfern lässt und sich Sorgen um mögliche Schmerzen des Tieres macht, den wird der Tierarzt beruhigen, er werde ihr jetzt einmal eine Betäubungsspritze geben und dann werde die Katze noch eine Spritze bekommen und in der Folge ganz friedlich einschlafen.

Die Vorstellung vom „friedlichen Einschlafen" erlaubt die Fiktion, irgendwann wieder aufzuwachen. Wer einschläft, der stirbt in einem gewissen Sinn nicht. Wer in einen tiefen Schlaf versetzt, der tötet nicht. Die Beruhigungsspritze lässt kein Wehklagen, kein Aufbegehren gegen den Tod mehr zu. Sie dient vor allem der Beruhigung der Lebenden. Sie raubt dem Tod seine Obszönität und den Sterbenden, ob Mensch oder Tier, möglicherweise ihre Würde. Das Problem liegt weniger im schmerzfreien Tod als im Selbstbetrug, den uns die Vorstellung vom „friedlichen Einschlafen" erlaubt. Die Betonung hat sich vom Tod hin zur Schmerzfreiheit verschoben. Bezogen auf die von Tieren während eines vivisektorischen Experiments empfundenen Schmerzen schrieb Bertha von Suttner: „Töten verhält sich zu Quälen, wie 1 zu 1000." Der Tod an sich sei nichts Furchtbares, nichts Höllenhaftes – wohl aber seien dies die Todesangst und die physische Qual: „Sterben ist nichts Entsetzliches […], das gefolterte Geschöpf sehnt sich danach, schreit danach, und der mildeste, barmherzigste Mensch wird nicht zögern, einem unrettbaren, martyrisierten Tier den Todesstoß zu geben, der ja ein Gnadenstoß ist." Nicht zufällig fanden sich unter den frühen Euthanasiebefürwortern auffallend viele Vivisektionsgegner. Sie argumentierten, es sei eine Grausamkeit, unheilbar Kranke am Leben zu erhalten. Nicht das Leben würde verlängert, sondern Schmerzen, Freudlosigkeit und Lebensüberdruss. Während man kranken Tieren den Todesstoß gebe, um sie nicht unnötig zu quälen, tue man alles, um Todkranke trotz ihrer Qualen am Leben zu erhalten. Zweifellos verstanden viele der damaligen Euthanasiebefürworter ihr Engagement als Ausdruck von Mitgefühl. In Romanen, die für die Euthanasie plädieren, wird der Tod als „sanftes Entschlummern" oder „friedliches Einschlafen" beschrieben. Der Kranke werde „unfühlbar und unbewußt in den Zustand des Todes hinübergeleitet", „unter angenehmen Visionen betäubt", der Tod werde zu einem „dem Schlafe ähnelnden physiologischen Vorgang".

Betrachtet man die Geschichte der Tierschutzgesetze, dann fällt auf, dass für bestimmte Aufgaben zunehmend Spezialisten verantwortlich sind. Heute sind nahezu ausschließlich Veterinärmediziner für das Töten von Tieren zuständig. In dem 1910 erschienenen *Handbuch der gerichtlichen Tierheilkunde* wird die Frage der Tierquälerei nur auf wenigen Seiten behandelt. Das Töten von Tieren findet nicht einmal Erwähnung. Behandelt werden fast ausschließlich Fragen des Viehhandels, wo der Tierarzt als Sachverständiger in Rechtsangelegenheiten auftritt. Es geht um die Gewährleistung beim Verkauf lebender Pferde, Esel, Maulesel, Maultiere, Rinder, Schafe und Schweine, um Betrug im Viehhandel, um Mängel und Erkrankungen, die den Wert eines Tieres herabsetzen oder einen Verkauf unmöglich machen, um Vergiftungen, um die „Beschädigung" von Tieren durch tierärztliche Kunstfehler, Fehler beim Hufbeschlag oder beim Weidegang. Erwähnte Tierquälereien beziehen sich ausschließlich auf Verletzungen, die mit Messern oder Stöcken an den Geschlechtsteilen und im Mastdarm von Kühen und Pferden verursacht werden. Das Töten von Tieren fiel nicht in den Aufgabenbereich der Tierärzte. Die Tierschutzvereine zur Zeit der Jahrhundertwende konnten Gutachten über das Schächten nicht nur bei Tierärzten, sondern auch bei Physiologen, Schlachthausdirektoren und Verwaltern einholen.

Tiere, in die Nähe der Menschen gerückt, unterliegen wie diese der lebenslangen Medikalisierung, die im medikalisierten Tötungsakt nur ihre besondere Steigerung erfährt. Schmerzmedikation, Behandlung neurotischer oder depressiver Erscheinungsbilder haben sich längst zur rein operativen Versorgung gesellt. Werden Tiere als Familienmitglieder wahrgenommen, ist es nur konsequent, eine analoge Versorgung zu sichern. Ärzte werden zunehmend zu Thanatokraten. Waren sie bislang dafür zuständig, den Eintritt des Todes und die Todesursache festzustellen, so stellen sie ihn nun her. Tierdiskurse nehmen vorweg, wie Menschen in Zukunft behandelt werden. In Tierdiskursen werden jene normativen Kriterien formuliert, die in Zukunft wirksam werden, wenn es um die Frage geht, zu welchem Zeitpunkt Maschinen abgeschaltet werden oder sich die ärztliche Hilfeleistung auf die Schmerzmedikation beschränken soll. Dic Indikationen, die für die Tötung von Tieren, insbesondere von Beziehungstieren gelten, lassen Befürchtungen eines derartigen Zusammenhangs nicht unbegründet erscheinen. Die Entscheidung, Haustiere einzuschläfern, erfolgt meist dann, wenn sie nicht mehr als beziehungsfähig wahrgenommen werden. Der Tod soll möglichst unsichtbar und für den Betroffenen unmerklich geschehen. Wenn dies bereits bei den Tieren verwirklicht ist, warum sollte es nicht auf den Menschen übertragen werden? Was das Töten von Tieren anlangt, so wird jener Rahmen abgesteckt, der, wenn auch in differenzierterer Form, in Zukunft für den Menschen gelten wird.

Während sich die Menschen in den Kategorien der Verhaltensforschung beschreiben, nimmt die behauptete Lernfähigkeit von Tieren sowie die Bandbreite der auf sie projizierten Empfindungen zu. Zeichen- und Werkzeuggebrauch, die Fähigkeit, Schmerz, Angst, Trauer oder gar Mitleid zu empfinden, selbst Träume oder religiöse Gefühle zeichnen nicht länger nur den Menschen aus. Dass die Menschheit schlecht und verdorben sein soll, ist nicht neu. Aber nachdem uns alle Hoffnungen auf eine bessere Gesellschaft abhanden gekommen sind, werden die Tiere zu Platzhaltern unverdorbener Regungen. Wir wenden uns den Walen zu, die träge durch das Meer gleiten, ihre Kälber säugen und sich mit ihren Artgenossen über große Distanzen verständigen; den Pferden, die uns verstehen, werden sie nur richtig angesprochen; den Bonobos, die ihre Konflikte mittels sexueller Stimulation abbauen. Da scheint die Welt noch heil, scheint ein ferner Schimmer des einstigen Paradieses zu leuchten. Nachdem alle gesellschaftlichen Utopien gescheitert sind, sehnen wir uns in eine heile Welt zurück, die dem Einzelnen einen festen Platz zuweist, die sich überschaubar und stabil zeigt, eine Welt, in der Falschheit, Konkurrenz, Gewalt und Intrige fehlen. Im Gegensatz zu den Tieren scheint einzig der Mensch keinen Platz zu haben und denkbares Gleichgewicht zu gefährden. Während Aktäon, von Diana in einen Hirsch verwandelt, als Mensch erkannt werden wollte oder der Tierbräutigam in der Märchenliteratur sich seiner tierischen Haut zu entledigen suchte, verwenden wir die Haut lebender Tiere für unsere Projektionen. Bereits frühe Gegner der Parforcejagd bemühten Ovids Aktäon und verliehen dem gehetzten Hirsch Sprache, so etwa Wilhelm Dietler in seinem 1787 erschienenen Appell *Gerechtigkeit gegen Thiere*. Hier begegnen uns Ovids rasende Hundemeute, das Gebrüll des Hirsches, welches niemand zu deuten vermag: „Sohn der Feigheit, der du da stehst in deiner Gemaechlichkeit, zu weiden dein Satansauge an den verzweifelnden Zuckungen eines wehrlosen Mitgeschoepfs, das stürzend der Menge reissender Hunde – den Knechten der Zagheit – Blut dampft aus Rachen und Nase!"

„Milchkonsum setzt den Tod von Kälbern voraus. Der Wahnsinn hinter der Milchindustrie beginnt schon bei der Geburt – durch die grenzenlose Überzüchtung werden oft viel zu große Tierkinder geboren, es kommt häufig zu Komplikationen. Sind die Kleinen auf der Welt, werden sie sofort von der Mutter getrennt. In Österreich werden laut Bio Austria selbst in Bio-Betrieben über 50 Prozent der Milchkühe in Anbindehaltung gehalten! Jedes Glas Milch – Einzelhaft inklusive. Jedes Glas Milch – Kettenhaft inklusive. Jedes Glas Milch – Konzentrationslager und Kindermord inklusive. Nur ganz wenige der weiblichen Tiere, jene, von welchen auf Grund der Zuchtlinien hohe Milchleistungen erwartet werden, dürfen weiterleben. Allerdings steht mehr als 90 Prozent davon ein trister Alltag in lebenslanger Anbindehaltung bevor; sie werden vergewaltigt, zu Gebärmaschinen degradiert … Vergewaltigung inklusive. Jedes Glas Milch – Tiertransport inklusive. Jedes Glas Milch – das lange und einsame Warten auf ein schreckliches Ende im ‚Wartesaal des Todes' … Mit jedem Liter Kuhmilch nimmt KonsumentIn den Tod eines Kalbes in Kauf, denn eine ‚Milchkuh' gibt nur dann eine für den Handel genügende Menge an Milch, wenn sie zuvor ein Baby geboren hat!" Einer von vielen ähnlich lautenden Texten von Tierschützern, die sich im Internet finden. Die Kuh wird zur Mutter, das Kalb zum Kind, zum Baby, wir haben es mit Konzentrationslagern und Kindermorden zu tun, mit einer grotesken Sprachverwirrung.

Schopenhauer beklagte „die Eigenheit mancher Sprachen, namentlich der deutschen, daß sie für das Essen, Trinken, Schwangerseyn, Gebären, Sterben und den Leichnam der Thiere ganz eigene Worte haben, um nicht die gebrauchen zu müssen, welche jene Akte beim Menschen bezeichnen, und so unter der Diversität der Worte die vollkommene Identität der Sache [also das Gemeinsame von Mensch und Tier] zu verstecken". Schopenhauer sah in der sprachlichen Differenzierung zwischen Mund und Maul, Essen und Fressen, Niederkommen und Werfen, Sterben und Verenden etc. die „europäische Pfaffenschaft" am Werk. Man müsse an allen Sinnen blind „oder vom foetor Judaicus [Judengeruch] total chloroformirt seyn", um nicht zu sehen, dass es im Wesentlichen zwischen Mensch und Tier keinen Unterschied gebe.

Mit der Elternliebe von Tieren ist es so eine Sache. Kohlmeisen können sich rührend um ihren Nachwuchs kümmern. Es beginnt mit dem Nestbau, setzt sich über das Brüten fort. Sind die Jungen geschlüpft, sind die Eltern den ganzen Tag mit Nahrungssuche beschäftigt. Und zeigt sich eine Katze oder ein Mensch im Umfeld der Nisthöhle, dann sind sie um Ablenkung bemüht. Fällt jedoch ein Junges beim ersten Flugversuch ins Gras, kümmern sich die Meiseneltern keine Sekunde um dieses. Ihre Aufmerksamkeit gilt einzig den flugfähigen Jungen. Betrachte ich ein solches Geschehen, dann habe ich bezüglich des empathischen Potenzials von Tieren meine Zweifel.

Heute wird oft genug behauptet, der genetische Code des Menschen unterscheide sich nur minimal von dem eines Primaten. Kennen auch Tiere so etwas wie Kreativität, religiöse Empfindungen oder Werkzeuggebrauch, so ist es nur konsequent, wenn für Primaten wie andere Tiere Menschenrechte, Bürgerrechte etc. gefordert werden. Werden Begriffe wie der des Menschenrechts auf Tiere angewandt, dann muss man daran erinnern, dass damit verbundene Vorstellungen wie „Identität" oder „Autonomie" in der Geschichte der Menschheit sehr jung sind. Um es nüchtern zu sagen: Die Humanisierung der Tierwelt hat nicht Identität, sondern Identifizierung zur Folge, Ohrmarken oder implantierte Chips – wesentliche Elemente der Kontrolle und Bewirtschaftung. Hunde sind inzwischen mit einem „Heimtierpass" ausgestattet: „Alle im Bundesgebiet gehaltenen Hunde sind mittels eines zifferncodierten, elektronisch ablesbaren Mikrochips auf Kosten des Halters von einem Tierarzt kennzeichnen zu lassen. Welpen sind spätestens mit einem Alter von drei Monaten, jedenfalls aber vor der ersten Weitergabe so zu kennzeichnen. Hunde, die in das Bundesgebiet eingebracht werden, müssen entsprechend den veterinärrechtlichen Bestimmungen gekennzeichnet sein. Die Kennzeichnung gemäß dem ersten Satz kann unterbleiben, wenn der Hund bereits durch einen funktionsfähigen Mikrochip gekennzeichnet wurde." Ein winziger Mikrochip wird mit einer Injektionsnadel an der linken Halsseite unter die Haut gesetzt. Die Daten gehen an eine Datenbank, die sich von jedem Computer mit Internetanschluss aus abrufen lässt. Mit einem Lesegerät lässt sich der Besitzer eines entlaufenen oder ausgesetzten Tieres einfach feststellen. In Werbebroschüren von Konzernen, die sich auf Aufstallungssysteme in Rinderbetrieben spezialisiert haben, finden sich Sätze wie: „Kühe sind Individuen, und wir behandeln sie als solche – ohne Kompromisse." Das hört sich gut an. Die Aufmerksamkeit gilt jedoch nicht dem einzelnen Tier, sondern dessen Individualisierung, den Abweichungen von errechneten Durchschnittswerten. Letztlich verschwindet aber jedes einzelne Tier in einem abstrakten Ganzen, in Vorgaben, Umsätzen oder Gewinnen. Rinder werden tatsächlich ohne Kompromisse behandelt.

Im Interesse der Verbrechensvorbeugung dachte Jeremy Bentham an die Markierung von Staatsbürgern durch eintätowierte Bildzeichen. Bentham erntete Gelächter. Aber die Identifizierung jedes Einzelnen sollte sich nur kurze Zeit später mit dem Fingerabdruck durch die Hintertür einschleichen, der als biometrisches Merkmal die eindeutige Identifikation jeder einzelnen Person erlaubt. Die wissenschaftliche Daktyloskopie geht neben anderen auf Sir Francis Galton zurück, der auch als der Begründer der Eugenik gilt. Bereits zuvor hatten Henry Faulds und William James Herschel Vorschläge zur Identifizierung von Verbrechern durch Fingerabdruckuntersuchungen gemacht. 1888 wurde Galton von der britischen Kolonialregierung in Indien beauftragt, ein Personenerkennungssystem zu entwickeln. War der Fingerabdruck als Erkennungsmerkmal in Ausweisen vor hundert Jahren noch undenkbar, so haben wir uns inzwischen daran gewöhnt, wie wir auch bald mit implantierten Chips leben werden. Ob Mensch oder Tier, ohne eindeutige Identifikation keine Existenzberechtigung. Sie ist auch Voraussetzung jeder Bewirtschaftung.

Da hebt ein Geblöke an,
machen Lämmer Freudensprünge,
nähert sich der Nährer
in seinem silbergrauen Wagen,
der Gott der Schafe,
hat er den Schlachttag im Sinn.
Ein Gott mit künstlichem,
schief sitzendem Gebiss,
ein Gott mit falschen Zähnen.
Lammbeuschel nächste Woche.

Leerstehende Kühe kosten Geld. In großen Betrieben ist es heute aufgrund der Automatisierung wie der geringen Anzahl an Beschäftigten nicht mehr möglich, die Brünstigkeit von Kühen ausreichend zu erkennen. Zunehmend setzt sich die automatisierte Brunsterkennung durch. Als einer der Indikatoren kann das spezifische Bewegungsverhalten während der Brunst gelten, auch bestimmte Lautäußerungen des Rindes. Die Trefferrate ist erstaunlich hoch. Kühe produzieren, ohne dass sie eine Ahnung davon haben, ständig Text. Ein Computerprogramm verrechnet die gesammelten Daten mit anderen auf das einzelne Tier bezogenen Daten (Laktationsperiode, Trächtigkeit etc.) wie Durchschnittswerten. Das Programm „entscheidet", ob sich Gatter öffnen oder nicht, wie viel Kraftfutter ausgeschüttet wird oder über die Notwendigkeit tierärztlicher Behandlungen. In letzter Konsequenz entscheidet es, wann eine Kuh schlachtreif ist. Und die Anzahl der erfassten Tiere, so versichert ein Hersteller, ist nur durch die Festplattengröße begrenzt. Heutige Hochleistungskühe sind einer strikten bürokratischen Ordnung unterworfen. Was mit „Ahnentafeln", „Herdbüchern" oder „Stammbäumen" begann, erfährt heute seine ultimative Steigerung dort, wo die rund um die Uhr gesammelten Daten unmittelbar verarbeitet werden, und zwar von einer Maschine, einer keineswegs neutralen, aber doch höchst sachlichen Instanz. Heutige Kühe sind rund um die Uhr online: Auch Kühe können SMS verschicken. Inzwischen werden die gesammelten Daten über das Mobilnetz direkt an ein Rechenzentrum übertragen und dort verarbeitet. Ist eine Kuh brünstig – die

Brunstdauer hat in den letzten Jahrzehnten merklich abgenommen –, so wird der Rinderhalter automatisch benachrichtigt. Das nennt sich Machine-to-Machine-Kommunikation. Auch die Kühe werden als Maschinen verstanden, als Milchmaschinen. Bereits Vilém Flusser betrachtete Kühe als effiziente Maschinen zum Verwandeln von Gras in Milch: „Im Vergleich zu anderen Maschinen haben sie zweifellos Vorteile. Zum Beispiel reproduzieren sie sich selbst, und sobald sie unbrauchbar werden, kann ihre ‚Hardware' in Form von Fleisch, Leder und anderen konsumierbaren Produkten verwendet werden." Nicht nur die Trennlinie zwischen Mensch und Tier wird zunehmend unscharf, auch jene zwischen dem Lebendigen und dem Maschinellen. Auch Computergehirnen schreiben manche Identität zu. Eine Nummer haben sie auf jeden Fall.

Die Trennlinie zwischen Mensch und Tier wird noch unschärfer werden. Dies wird sich freilich weniger sentimentalen Anliegen von Tierschützern verdanken, die von einer Welt träumen, in der Menschen und Tiere friedlich nebeneinanderleben, sondern vor allem den Möglichkeiten der Biotechnologie. Noch laufen keine Menschen herum, die auf ihren Köpfen Hörner von Gazellen tragen. Aber bereits heute lassen sich Erbinformationen in diese oder jene Richtung übertragen. Man braucht nicht viel Fantasie, um sich all die Mischwesen vorzustellen, die in absehbarer Zeit die Welt bevölkern werden. Es wird keinen Schöpfergott geben. Nicht länger wird man sich fragen können, warum dieser all das Unglück in der Welt zugelassen habe. Man wird sich aber nicht auf die Natur hinausreden können, die so verschwenderisch mit dem Lebendigen umgeht. Es wird einzig eine Frage des Marktes wie des Gewinnes sein.

„Ich esse kein Fleisch mehr. Man darf Tiere nicht töten. Auch Tiere verfügen über Bewusstsein."
„Was wäre, ließen sich Tiere zu Zwecken der Fleischproduktion klonen?"
„Das würde alles ändern. Dann würde ich wieder Fleisch essen."
„Wenn Tiere über Bewusstsein verfügen, dann gilt dies auch für ein geklontes Tier."
„Aber da wird ein Tier verdoppelt, vervielfältigt."
„Eineiige Zwillinge sind doch auch verschieden. Das Schaf Dolly war doch auch ein Lebewesen, mochte es mit dem Klonen auch nicht so recht funktioniert haben."
„Dann kann ich auch keine geklonten Tiere essen."
„Keine Sorge. Fleisch wird sich bald in Zellkulturen, in Nährlösungen produzieren lassen. Womöglich gibt es auch da Probleme, gibt es doch die Vorstellung von einem Zellbewusstsein."
„Vielleicht sollte ich doch Fleisch essen."

Meint etwa jemand, auch Tiere würden so etwas wie Mitleid kennen, dann muss ich an Schafherden denken, in denen sich an Moderhinke erkrankte Tiere fanden. Im fortgeschrittenen Stadium bewegen sich die Tiere auf den Vorderbeinen robbend, magern ab und verenden schließlich. Andere Tiere in der Herde nehmen davon nicht die geringste Notiz. Und liegt dann ein aufgedunsener Kadaver auf der Wiese, so können Jungtiere auf diesem fröhliche Bocksprünge ausführen. Ich würde ja nur zu gerne die Todesvorstellungen von Tieren kennen. Was geht im Schädel eines Mastochsen vor, der in einen Schlachtraum geführt wird? Claude Lévi-Strauss äußerte in einem seiner späten Interviews den Wunsch, die Welt einmal als Vogel wahrzunehmen: „Ich hätte mich gern einmal richtig mit einem Tier verständigt. Das ist ein unerreichtes Ziel. Es ist fast schmerzhaft für mich zu wissen, dass ich nie wirklich herausfinden kann, wie die Materie beschaffen ist oder die Struktur des Universums. Das hätte für mich bedeutet, mit einem Vogel sprechen zu können. Aber da ist die Grenze, die nicht überschritten werden kann. Diese Grenze zu überschreiten, würde für mich das größte Glück bedeuten." Lévi-Strauss wollte keineswegs ein Singvogel sein, sondern die Welt des Menschen, die er mit großem Pessimismus betrachtete, besser verstehen. Deshalb dachte er an einen fremden Blick, an den eines Singvogels.

Interessanter und zielführender als die Behauptung vom Menschlichen im Tier finde ich es, sich nach der Fremdheit der Tiere zu fragen. Tut man dies, so wird man feststellen müssen, dass wir es mit vielen, manchmal auch ineinander verzahnten Welten zu tun haben. Liegt die Betonung auf dem Menschlichen im Tier, dann geht der Respekt vor dem Außermenschlichen verloren. Um es mit Jean Baudrillard zu sagen: „Götter können nur in Tieren leben und sich verstecken, nur im Reich des Schweigens und des objektiven Stumpfsinns und nicht im Reich des Menschen, in dem des subjektiven Stumpfsinns, der Sprache und der Psychologie. Der Gott-Mensch ist eine Absurdität. Ein Gott, der die ironische Maske des Nichtmenschlichen abwirft, der die tierhafte Metapher verlässt, in der er schweigend das Prinzip des Bösen verkörperte, um sich nun eine Seele und ein Gesicht zu machen, zieht damit auch die heuchlerische Psychologie des Menschlichen an. Die Götter müssen wie Tiere von einer Weide zur nächsten ziehen dürfen."

Freilich hat man nur selten das Glück, auch nur für einen Augenblick diese Fremdheit zu empfinden, etwa dann, wenn man eine im hohen Gras liegende Hirschkuh aufschreckt. Da kann es ein kurzes Innehalten geben, ein beiderseitiges Erstaunen. Aber schon trabt die Hirschkuh dem nahen Wald zu und verschwindet im Unterholz. Eine beglückende Erfahrung, mag sie einem auch nur zu bewusst machen, dass es unmöglich ist, ins Lager der Hirsche zu wechseln. Es ist wohl eine traurige Ironie, dass gerade eine Gesellschaft, die vorgibt, sich wie keine andere vor ihr um das Wohl der Tiere zu kümmern, den Nutz- und Beziehungstieren alle Würde geraubt hat, jedes Fremdsein. Wir gestehen den Tieren das Recht auf ein schmerzfreies Leben wie einen schmerzfreien Tod zu, kaufen sie aber wie Konsumgüter, füttern sie zu Tode, sperren sie in Wohnungen und kontrollieren ihr Geschlechtsleben.

Der von Tierschützern vertretene inklusive Humanismus verdankt sich nicht zuletzt der Verhaltensbiologie, einer Disziplin also, deren Erkenntnisse entscheidend zur Bewirtschaftung und Ausbeutung von Tieren beigetragen haben. Vertretern eines inklusiven Humanismus möchte ich empfehlen, sich einmal einige Tage Zeit zu nehmen und die oft weiten Wegstrecken abzugehen, die von Hirschen zurückgelegt werden, sich durch steilstes Gelände und Buschwerk zu bewegen, unter Maschendrahtzäunen durchzukriechen. Zweifellos würden sie so einiges über das Wesen eines Hirsches erfahren. Es würde sich bereits lohnen, sich einmal genau vorzustellen, wie eine Kuh einen Fußballplatz wahrnimmt oder ein Hund den Übergang zwischen dem Haus und dem Außenraum. Auch wenn wir so zumindest eine Ahnung von tierischer Wahrnehmung und tierischem Empfinden erhielten, müssten wir doch begreifen, wenn wir uns nicht mit vorschnellen Erklärungen zufrieden geben, dass wir zuerst über uns selbst sprechen und Tiere nach wie vor zu unserer Selbstdefinition benötigen.

Ständig sind die Ziegen des Nachbarn in unserem Garten. Ziegen finden schnell ein Schlupfloch im Zaun. Seit Tagen sind sie brünstig. Ihr Paarungsverhalten ist höchst unangenehm, nicht nur des Gestanks oder der Grunzlaute des Bockes wegen. Dennoch finde ich schließlich Interesse daran. Brunftige Ziegen wacheln mit ihrem Stummelschwanz wie mit einem angeklebten Fähnchen. So hat der Bock einen guten Überblick. Es sind die Ziegen, die den Bock suchen. Sie drücken ihre Schädel in seine Flanken, und das, bevor sie empfängnisbereit sind. Der Bock beurteilt mit gerümpfter Nase die Schleimfäden, die an ihrem Geschlecht hängen.

Springt er vergeblich, jagt er die Ziege mit einem ärgerlichen Rempler weg. Das Ganze zieht sich bei einer Herde hin. Nach einigen Tagen lässt das weiße Fell der besprungenen Ziegen an Schweine denken, die sich im Dreck gesuhlt haben. Auf jeden Fall habe ich den Ziegen mit einigen Schlägen die Regeln erklärt. Nach einer Woche brauchten sie mich nur zu sehen, um durch das Loch im Zaun zurückzukehren. Eine Tierschützerin – sie glaubt an die Kraft von Wohlfühlwörtern – tadelte mich sehr. Sie sei gegen Gewalt. Ich bin natürlich auch gegen Gewalt, zumal ich keine Lust habe, den Ziegen nachzulaufen. Aber nach kürzester Zeit konnte ich sehen, dass ein Ochsenziemer mehr bewirkt als jedes zärtliche Wort. Was sollte ich einer Burenziege schon sagen? Ich verstehe die Ziegensprache nicht, die Ziegen verstehen meine Sprache nicht, wohl aber die des Stocks. Schlägt man auch nur ein Tier, so teilt sich dies der Herde mit. Sollen doch die Ziegen miteinander reden. Nach einer Woche hatte selbst der Bock, der noch Tage zuvor einen hinterhältigen Angriff auf mich versucht hatte, Respekt vor mir.

Radikale Tierschützer setzen ihre Werte absolut. Sie haben keinen Sinn für die Historizität und somit Relativität ihrer Behauptungen. Wenn Tierschützer die Sorge um das Tier zu einer Grundfrage der Humanität machen, dann blenden sie aus, dass sich unser heutiges Tierverständnis in der Menschheitsgeschichte erst in jüngster Zeit herausgebildet hat und dass sich der zentrale Bezugspunkt all ihrer Anliegen, nämlich die Frage des Schmerzes, nicht losgelöst von Zeit und Kultur betrachten lässt. Gleichzeitig befinden sich Tierschutzgruppen in ständiger, fast sektenähnlicher Abgrenzungsarbeit von anderen vergleichbaren Gruppen, die den eigenen Anliegen eigentlich am nächsten stehen. Wenngleich der Einstellungswandel im Allgemeinen unbestreitbar ist, haben wir es doch mit sehr vielen und oft widersprüchlichen Vorstellungen zu tun. Dies wird offensichtlich, wenn man die Anliegen unterschiedlicher Tierschutzvereine betrachtet. Wir begegnen solchen, die sich um das Leiden von Hunden und Katzen kümmern, die das Katzenleid durch Sterilisation einzudämmen versuchen; wir begegnen solchen, die sich der Kampfhunde annehmen und sie in einer Art Resozialisierungsprogramm wieder zu richtigen, also zutraulichen Hunden machen wollen; andere können sich für die Zwangssterilisation von Kampfhunden einsetzen; andere kämpfen gegen Tierversuche, Massentierhaltung oder Tiertransporte; wieder anderen ist die Erhaltung vom Aussterben bedrohter Tiere das größte Anliegen. Während die einen den Fleischverzehr als normal betrachten, leben andere vegan und lehnen selbst den Konsum von Eiern oder Milchprodukten ab. Manche können sich damit beschäftigen, streunende Tiere oder Tiere, die sie Bauern abgekauft haben, bis zu ihrem natürlichen Tod in Tierasylen zu betreuen oder auf einem der „Gnadenhöfe“ in Pflege zu geben. Betrachtet man die große inhaltliche Bandbreite der Tierschutzvereine, dann lässt sich überhaupt kein einheitliches Bild mehr erkennen, außer dass sich zunehmend mehr Menschen um Tiere kümmern. Dass wir uns zu einer Gesellschaft von Veganern wandeln, ist derzeit nicht abzusehen. Tatsächlich zerfällt die Gesellschaft in viele kleine Gruppen, die in ihrer normativen Orientierung nicht unterschiedlicher sein könnten.

Man übe sich in Gedankenspielen. Man denke sich all die Folgen aus, die es hätte, würden Tieren Menschenrechte zugestanden. Wenn jemand solche Gedankenspiele durchgeführt hat, dann der Science-Fiction-Schriftsteller Cordwainer Smith, und dies vor nunmehr sechzig Jahren. Die Menschen einer fernen Zukunft haben sich die Tiere mit Hilfe der Biotechnologie endgültig dienstbar gemacht. Die Körper der Tiere, die als „Untermenschen" bezeichnet werden, sind menschlich. Allerdings haftet beispielsweise den Untermenschen der Katzenart immer noch etwas Katzenhaftes an. Untermenschen der Schlangenart können nach wie vor tödlich sein. Ihren Anlagen entsprechend werden die Untermenschen auf bestimmte Funktionen hin entwickelt. Aus Katzen werden etwa Girlygirls, deren Funktion darin besteht, Fremden als erotische Begleiterinnen zur Verfügung zu stehen. Jene Untermenschen bzw. Tiere, die ihrer Funktion nicht gerecht werden, werden erbarmungslos entsorgt, nicht viel anders als dies heute in der Nutztierhaltung der Fall ist, allerdings mit dem Unterschied, dass ihre Tötung – die technischen Fortschritte haben es möglich gemacht – zweifelsfrei schmerzlos geschieht. Es kann den Tod eines Untermenschen zur Folge haben, befindet sich dieser am falschen Ort. Ein Untermensch der Katzenart hat auf der Toilette der Untermenschen der Hundeart nichts zu suchen. Die allgegenwärtigen Robotpolizisten mit der Bewusstseinsmatrize einer Maus würden ihn augenblicklich vernichten. Im Krankheitsfalle werden Untermenschen nicht behandelt. Sie werden getötet. Da die Untermenschen nicht nur über einen menschlichen Körper verfügen, sondern ihnen auch Sprach- und somit Erinnerungsfähigkeit eingepflanzt wurden, rücken sie tatsächlich in die Nähe des Menschen. Cordwainer Smith hat die daraus folgenden Konflikte wiederholt durchgespielt.

Cordwainer Smith (1913–1966) hieß eigentlich Paul Linebarger. Als Politikwissenschaftler und Asienexperte arbeitete er für den Geheimdienst der US-Armee, war Mitarbeiter des CIA, beriet die britischen Truppen in Malaya und die US-amerikanischen Streitkräfte in Korea. Er gehörte auch John F. Kennedys Beraterstab an und war Verfasser eines Standardwerks der psychologischen Kriegsführung. Dass er seine Science-Fiction-Geschichten unter Pseudonym veröffentlichte, ist nur zu verständlich.

Fans seiner Texte können sich damit beschäftigen, die einzelnen Episoden, die in fernen Jahrtausenden spielen, chronologisch zu ordnen und all seine Erfindungen aufzulisten. Tatsächlich bediente sich Cordwainer Smith einer fiktiven Welt, um Fragen durchzuspielen, die ihn persönlich – er war zeitlebens krank – oder in beruflichem Zusammenhang beschäftigten. Cordwainer Smith war nicht nur ein brillanter Herrschafts- und Gesellschaftstheoretiker. Er beschäftigte sich auch mit Fragen der menschlichen Würde, des Leidens wie des Mitleids.

Das von ihm beschriebene Universum wird von einer allumfassenden, wohlmeinenden Elite, der „Instrumentalität“, regiert. Die heile Welt wäre undenkbar ohne Eugenik, ohne Unterdrückung aller Leidenschaften und Versklavung der „Untermenschen“. Die Menschen kennen weder Krankheit noch Tod im herkömmlichen Sinn. Sie haben eine Lebenserwartung von mehreren hundert Jahren. Ihr Tod fällt mit einem festgelegten Ablaufdatum in eins. Die heile Welt gerät allerdings in eine Krise, weil all das, was den Menschen einst ausmachte, nur noch von den Untermenschen erlebt wird. Nur sie wissen noch um Verletzlichkeit, die Endlichkeit des Lebens, den Tod. Da sie die ganze Arbeit verrichten, von der die Menschen leben, eignen sie sich alle damit verbundenen Kompetenzen an, neben technischem Wissen auch die Fähigkeit zur Selbstorganisation wie zum Widerstand. Dies gilt auch für Girlygirls. Zwar werden sie ähnlich betrachtet wie Gebrauchsgüter, aber sie müssen sich, wollen sie überleben, in jene hineindenken, von denen sie so betrachtet und behandelt werden. Erst als die zum Bedienen der Menschen geschaffenen Wesen um ihre Menschenrechte kämpfen, sucht die Instrumentalität die Gesellschaft zu ihren Wurzeln zurückzuführen, Unvollkommenheit nicht nur zuzulassen, sondern als wesentliches Merkmal des Menschlichen anzuerkennen. Die Instrumentalität ist also bemüht, die Menschen wieder aneinander verzweifeln zu lassen, ein wenig Krankheit wieder einzuführen, ein wenig Gefahr, einige Unfälle, aber so, dass sich dadurch nichts wirklich verändert.

Als Upton Sinclairs Roman *Der Dschungel* 1906 erschien, erregte das Buch großes Aufsehen. Sechs Monate lang stand es auf den Bestsellerlisten in den USA und Großbritannien. Es wurde in siebzehn Sprachen übersetzt. Während Sinclair die katastrophalen Arbeitsbedingungen in den Schlachthöfen von Chicago anprangerte, in denen die Arbeiter systematisch ausgebeutet wurden, sorgte sich die Öffentlichkeit um den Inhalt von Konservendosen. Gefordert wurden schärfere lebensmittelhygienische Kontrollen. Tierschützer beklagten das Tierleid. Letzteres entbehrt nicht einer gewissen Ironie. In den Schlachthöfen gab es Galerien, von denen aus Besucher die Verwandlung von Schweinen in Konserven verfolgen konnten. Tierschützer hatten kaum Probleme mit der disassembly line. Stattdessen engagierten sie sich für eine Verbesserung der Viehtransporte. Mit Protesten, Leserbriefen und Petitionen setzten sie sich dafür ein, dass die Tiere nicht länger als einen Tag unterwegs sein durften, ohne einmal ausgeladen, gefüttert und getränkt zu werden. Sie prangerten die Verwendung von Peitschen und Mistgabeln an, erreichten, dass die Böden der Waggons nicht aus unverbundenen Balken bestehen durften. All dies lag auch im Interesse der Fleischindustrie, verendeten so doch weniger Tiere während des Transports und das Fleisch gelangte unbeschädigt, ohne Flecken und Blutgerinnsel in die Auslagen der Metzger. Ähnliches gilt auch für die

Betäubung der Tiere beim Schlachten, auch ein wichtiges Anliegen der Tierschutzbewegung. Die Betäubung, ganz gleich, ob diese nun mit einem Bolzenschussapparat, mit Hilfe von elektrischem Strom oder Kohlendioxid geschieht, verdankte sich entscheidend dem Bemühen, Bewegungsabläufe ohne unnötige Reibungsverluste, also effizient zu organisieren. Wo es um Mengen geht, wo Tiere als Erzeugnisse und Produkte gedacht werden, da muss es für die Vermeidung von Qualen oder Schmerzen – trotz aller gegenteiligen Beteuerungen – andere Gründe geben. Das gilt bereits für das Bemühen, Tiere, die geschlachtet werden sollen, möglichst ohne Widerstand in einen Arbeitsablauf einzufügen. All das setzt ein gewisses Verständnis für die Eigenart der Tiere voraus. Schweine laufen nicht gern in dunkle, ihnen unbekannte Röhren. Sie sind vorsichtig. Sie erschrecken bei ungestümen Bewegungen oder vor weißen Mänteln. Um unnötige Störungen des Arbeitsablaufes zu vermeiden, wird dem Schwein ein Fluchtweg angeboten, allerdings ist es ein Fluchtweg, der in eine tödliche Falle mündet. Artgerechte Tötung im besten Sinne des Wortes.

Der italienische Journalist Marco d'Eramo bringt es auf den Punkt, wenn er schreibt, die Tierschutzbewegung, „hartnäckig und geradezu kleinlich im Detail", sei praktisch blind für den Gesamtzusammenhang. Heute beklagen Tierschützer die Massentierhaltung und fordern die Rückkehr zu kleinen bäuerlichen Betrieben. Dabei haben viele von ihnen – in völliger Unkenntnis der kleinbäuerlichen Kultur – Bauern als grobe und hartherzige Menschen diffamiert. Dieser Aspekt wird ebenso verdrängt wie die Tatsache, dass sich manches Tötungsverfahren in Schlachthöfen dem Engagement von Tierschützern verdankt, die nicht begriffen haben, dass das Starren auf das einzelne Tierschicksal letztlich den enormen Beschleunigungsschub in der fleischproduzierenden Industrie begünstigte. Tierschützer wurden nicht müde, die Anbindehaltung anzuprangern. Laufställe setzten sich allerdings aus rein betriebswirtschaftlichen Gründen durch. Das Rind ist nun endgültig zu Masse und Ware verkommen. Auch hier bildete sich wie so oft eine unheilige Allianz zwischen ökonomischen Interessen und sentimentalen Tierschutzanliegen.

Ohne Zweifel zählt das Tierschutzprojekt zu den erfolgreichsten Unternehmungen des zwanzigsten Jahrhunderts; dies auch dann, wenn heutige Tierschützer nicht müde werden, den Umgang mit Tieren anzuklagen. Inzwischen haben alle entscheidenden Forderungen der frühen Tierschutzbewegung Eingang in die Gesetzgebung gefunden. Die Tierschützer des neunzehnten Jahrhunderts hätten sich wohl nicht vorstellen können, wie viele Anliegen zu den ihren noch hinzukommen sollten und welche Ziele am Ende des zwanzigsten Jahrhunderts bereits erreicht sein würden. Mehr noch, vieles, was wir heute bereits als Tierquälerei begreifen, hätte ihnen als solche unverständlich erscheinen müssen. Wohl nie hätten sie gedacht, dass Tiere auch Trennungsschmerz oder Trauer empfinden könnten.

Zählten die Tierschützer des neunzehnten Jahrhunderts zu einer gesellschaftlichen Minderheit, so leben wir heute in einer Gesellschaft, in der die zentralen Anliegen der Tierschutzbewegung mehrheitsfähig geworden sind. Selbst sentimentalste Tiergeschichten finden im Internet ihren hundertfachen Niederschlag. Nahezu alle politischen Parteien setzen heute auf Tierschutz. Denkt man an die tatsächliche Massentierhaltung, an den enormen Fleischkonsum oder auch an die Zerstörung von Lebensräumen, dann ist dies erklärungsbedürftig. Es lohnte sich, Tierdebatten in einem breiteren Diskursfeld zu betrachten. Man kann sich etwa die Frage stellen, was den Tierschutz mit Rauchverboten, mit Debatten über den Kindesmissbrauch, mit Plagiatsvorwürfen oder anderen Themen verbindet. Ich möchte hier nur einen Hinweis geben. Wir leben in einer Welt, die sich mit noch nie dagewesener Geschwindigkeit verändert. Wir sind weder in der Lage, Veränderungen abzusehen, noch sie vorherzusagen. Politiker haben in Zeiten der Globalisierung nur noch wenige Möglichkeiten, die Gesellschaft zu gestalten. Um es mit dem Soziologen Zygmunt Bauman zu sagen: „Um die überschüssige Existenzangst abladen zu können, die ihrer natürlichen Ventile beraubt ist, suchen wir uns Ersatzziele. Fündig werden wir, indem wir umfangreiche Vorkehrungen dagegen treffen, den Zigarettenrauch anderer einzuatmen, fettreiche Nahrung oder ‚schlechte' Bakterien zu uns zu nehmen (während wir gierig die Flüssigkeiten schlürfen, die ‚gute' zu enthalten versprechen) und uns vor zu viel Sonne und ungeschütztem Sex hüten." Auch Tierschutz ist in diesem Zusammenhang zu sehen. Man kann in der Vorstellung aufgehen, die Welt würde besser, bekämpfte man das betäubungslose Kastrieren von Ferkeln, setzte man sich für das Ende der letzten Anbindeställe, für streunende Hunde in Bukarest, für Esel und Maultiere in Mauretanien ein. Die Welt wird zwar nicht besser, aber immerhin kann man das Gefühl haben, etwas zu tun, etwas getan zu haben. Ob Rauchverbote oder Tierschutz, hier lassen sich Gesetze verabschieden.

Die Tierschutzbewegung kennt keine Meta-Theorie. An ihre Stelle treten viel zitierte, aus jedem Zusammenhang gerissene Erbauungssätze von Arthur Schopenhauer, Tolstoi, Ghandi, Peter Singer, George Bernard Shaw, Sigmund Freud und vielen anderen. Ein Satz Adornos wird beispielsweise von den Tierschützern folgendermaßen zitiert: „Ausschwitz [sic!] fängt da an, wo einer im Schlachthof steht und sagt, es sind ja nur Tiere." Der gemeinsame Nenner zwischen all den oft genug aus dem Zusammenhang gerissenen Zitaten der Tierschutzheiligen findet sich im Betonen des scharfen Kontrasts zwischen der unschuldigen Welt der Tiere und der bösen Welt des Menschen. Wer das neue Glaubensbekenntnis übernimmt, dem wird eine paradiesische Welt versprochen. Wir kennen das Bild. Im Paradies lebten die Tiere in friedlicher Eintracht mit dem Menschen. Nun sollen die Menschen friedlich mit den Tieren leben. Die Beschäftigung mit dem Tier ist allemal einfacher als die Auseinandersetzung mit der Vertracktheit gesellschaftlichen Lebens.

Mein Unbehagen beginnt bereits dort, wo die Tierschutzbewegung seit ihren Anfängen zutiefst denunziatorisch ist. Bis heute lebt sie von einer vitalen Brücke zum Boulevard. Noch in jüngster Vergangenheit wurden der Tierquälerei bezichtigte Menschen in der Boulevardpresse namentlich genannt. Oft genug war auch die Wohnadresse angegeben. Schopenhauer, der triviale Tierberichte wörtlich nahm, konnte die Londoner *Society for the Prevention of Cruelty to Animals*, die „mittelst Hülfe der Justiz und Polizei" das Tierleid zu verringern und die Welt zu verbessern suchte, nicht genügend loben: „Ihre Emissarien [Geheimboten] passen heimlich auf, um nachher als Denunzianten der Quäler sprachloser, empfindender Wesen aufzutreten, und überall hat man deren Gegenwart zu befürchten." Geradezu begeistert zitiert er einen diesbezüglichen Bericht der *Times* vom 6. April 1855: „Sie berichtet nämlich den gerichtlich gewordenen Fall der Tochter eines sehr begüterten Schottischen Baronets, welche ihr Pferd höchst grausam, mit Knüttel und Messer, gepeinigt hatte, wofür sie zu 5 Pfund Sterling Strafe verurtheilt worden war. Daraus nun aber macht so ein Mädchen sich nichts, und würde also eigentlich ungestraft davon gehüpft seyn, wenn nicht die Times mit der rechten und empfindlichen Züchtigung nachgekommen wären, indem sie, die Vor- und Zunamen des Mädchens zwei Mal, mit großen Buchstaben hinsetzend, fortfahren: ‚Wir können nicht umhin, zu sagen, daß ein Paar Monat Gefängnißstrafe, nebst einigen, privatim, aber vom handfestesten Weibe in Hampshire applicirten Auspeitschungen eine viel passendere Bestrafung der Miß N. N. gewesen seyn würde. Eine Elende dieser Art hat alle ihrem Geschlechte zustehenden Rücksichten und Vorrechte verwirkt: wir können sie nicht mehr als ein Weib betrachten.'" Die

Tierschutzbewegung lebt seit ihren Anfängen von der Denunziation von Randgruppen, Minderheiten wie gesellschaftlichen Verlierern. An die Stelle des rohen Fuhrmanns traten andere, kleine Bauern, Migranten. Zitiert Schopenhauer in seiner Abhandlung über die *Grundlagen der Moral* menschliche Grausamkeiten, so führt er wiederholt Beispiele von Tierquälerei an. Diese entnahm er zumeist Zeitungs- oder auch Reiseberichten, also Texten, mit denen ein breites Lesepublikum im Interesse ökonomischen Erfolgs mit sentimentalen Geschichten bedient wurde. Solche Texte sagen freilich wenig über Mensch-Tier-Verhältnisse, sehr viel dagegen über die Befindlichkeiten der Zeit. Wir haben es mit Konstrukten zu tun. Die Geschichte vom treuen Hund, der am Grab seines Herrn den Tod erwartet, findet sich auch bei anderen. Mühelos ließe sich eine Hitliste von Motiven der Tierschutzbewegung erstellen. Solche Geschichten sind ebenso wenig wörtlich zu nehmen wie die Heiligenlegenden der katholischen Kirche.

Die Tierschutzbewegung hat in ihrer Geschichte Berge von Papier produziert. Es finden sich nicht viele Texte darunter, in denen etwas genauer betrachtet würde, auch Dinge wahrgenommen würden, die das behauptete Tierleid relativieren. Da nach 1945 in Österreich und Deutschland nicht mehr viele Juden lebten, war das Schächten – in der Zwischenkriegs- wie der NS-Zeit ein wichtiges Anliegen der Tierschutzvereine – lange Zeit kein Thema mehr. Das Schächten tauchte erst wieder mit den Gastarbeitern in den 1960er Jahren auf. In Aussendungen wie Boulevardberichten fanden sich Sätze und Satzteile, die früheren, oft genug antisemitisch motivierten Broschüren und Berichten entnommen waren. Nahezu bruchlos wurden antisemitische Stereotype auf türkische und jugoslawische Gastarbeiter übertragen, das stumpfe Messer, die Lust am Töten, das lange Leiden der Tiere und so fort. Oft ist von einem „Ritual" die Rede, klingt die Ritualmordlegende an: „Früher schlachteten sie Kinder, heute schächten sie Tiere." Ich habe noch nie einen Text eines Tierschützers gelesen, der sich etwa kritisch mit dem Reichstierschutzgesetz aus dem Jahr 1933 beschäftigt hätte. Dabei kündigte sich mit diesem Gesetz, welches bis heute als vorbildlich gilt, ein ganz anderes Töten an. Es ist mir unerträglich, wenn von Tier-KZs die Rede ist, wenn Hühner und Menschen gleichgesetzt oder die Anzahl der geschlachteten Tiere mit den Opfern der NS-Zeit verrechnet werden.

Kämpfen Tierschützer in einem Land wie Vorarlberg gegen das betäubungslose Kastrieren von Ferkeln, so hat dies etwas Rührendes. Noch vor wenigen Jahrzehnten hielt nahezu jeder Bauer einige Schweine. Heute finden sich nur noch in wenigen Dörfern Schweine. Fährt man durch das Rheintal, ist kein Gestank von Schweinemast zu riechen. Hören die verbliebenen Schweinezüchter auch noch auf, dann nicht wegen des Engagements von Tierschützern, sondern deshalb, weil die Betriebe viel zu klein sind, als dass man heute noch davon leben könnte. Weniger als zehn Prozent des hier verzehrten Schweinefleischs – das viel gelobte *Ländle Alpschwein* spielt keine große Rolle – kommt aus Vorarlberg, der Rest stammt aus wirklicher Massentierhaltung.

Man kann das Tierleid aus guten Gründen beklagen. Wer an diesem Umstand etwas ändern will, dem empfehle ich, auf sentimentale Tiergeschichten, die sich bestens eignen, sich in einer widersprüchlichen Welt einzurichten, zu verzichten, sich stattdessen mit den zugrundeliegenden Konstrukten zu beschäftigen und anzuerkennen, dass das Sprechen über Natur oder Tiere mehr über den Menschen und die gesellschaftlichen Verhältnisse als über Natur oder Tiere sagt. Man muss sich mit Abläufen, mit ökonomischen Fragen, mit Wahrnehmungsdispositionen beschäftigen. Unser Tierverständnis verdankt sich der Industrialisierung, der Entfernung von Nutztieren aus dem Lebensumfeld des Menschen, technischen Errungenschaften wie dem Fernglas, Tierfilmen, oft genug gescholtenen Tierexperimenten, der Boulevardpresse und so fort. Man muss kulturhistorisch nicht besonders geschult sein, um zu begreifen, dass die heutigen Vorstellungen von Tieren bereits in kürzester Zeit antiquiert sein werden. Was wäre, wenn es gelänge, Tiere zu züchten, die keine Schmerzen empfinden, die sich bestens in die industrialisierte Fleischproduktion fügen, ein Mittelding zwischen Tier und Kunstfleisch?

Um es zumindest an dieser Stelle festzuhalten: Ich liebe Tiere. Aber was sagt das schon. Auch Hitler, Bismarck und viele andere liebten oder lieben Tiere. Um die allgemeine Aussage einzuschränken: An Tieren gefällt mir ihre Fähigkeit, auf sehr unterschiedliche Weise sich den Gegebenheiten der Welt anzupassen, und dies in einer meist sehr genügsamen Art. Ich mag die Erfahrung ihres Fremdseins, das Wissen, die Welt mit anderen Geschöpfen zu teilen. Ich mag die Überschneidungen zwischen der Welt der Menschen und jener der Tiere, jene kostbaren Augenblicke, in denen ich mich etwa unerwartet einem ganz anders organisierten Lebewesen gegenübersehe. Ich neige auch dazu, in den Tieren Wesen mit Identität und höchst unterschiedlichem Charakter zu sehen. Über das Seelenleben von Tieren, über ihre Empfindungen, Ängste, die Art und Weise, wie sie Schmerz empfinden, weiß ich nichts. Verhaltensforschung und Biologie belehren uns über das Wesen der Löwen, Echsen, Schlangen, über das Wesen der Kühe und selbst jenes der Fliegen. Es ist jedoch anzunehmen, dass es gar keinen allzu großen zeitlichen Abstand erfordert, um dieses mit wissenschaftlichen Methoden gesammelte Wissen auch als Form der Projektion zu entlarven, die sich nicht wesentlich von jenen Projektionen unterscheidet, die uns anhand von Märchen, Fabeln oder Alltagsgeschichten so deutlich bewusst werden. Der böse Wolf, der schlaue Fuchs, die listige Schlange oder der dumme Esel mögen sich gewandelt haben, genauer beschrieben, die Stresshormone in ihrem Kot untersucht sein, dennoch existieren sie weiterhin auch als Zweitausgabe in Form von Zuschreibungen. Wenn die Verhaltensforschung den Wolf heute als Tier mit ausgeprägten sozialen Instinkten oder das Schwein als intelligent und sauber beschreibt, dann haben wir es nach wie vor mit anthropomorphen Kategorien zu tun, die mehr über die Menschen und seine gesellschaftliche Situation aussagen als über die Tiere selbst.

Es lohnt sich, in einen unmittelbaren Kontakt mit Tieren zu treten. Und zwar nicht nur mit Tieren, die wir uns gekauft haben, die wir mit industriell produziertem Futter ernähren (welches sich anderen, nicht weniger empfindsamen Tieren verdankt), mit denen wir das Bett teilen, die wir, sind sie krank, altersschwach oder wir ihrer überdrüssig geworden, einem Tierarzt zum Einschläfern überantworten. Ich denke nicht nur an Hunde, Katzen oder Pferde. Es lohnt sich auch die Beschäftigung mit Tieren, deren Gehörsinn sich womöglich in ihren Extremitäten befindet. Warum sollte unser Interesse oder Mitgefühl nicht auch Heuschrecken gelten, vielleicht so, wie vom nahezu vergessenen Schriftsteller Jules Renard beschrieben: „[S]o jage du mit den Händen nach ihr, spiele mit ihr Verstecken, und wenn du sie zwischen zwei Sätzen auf einem Kleeblatt gepackt hast, so besieh dir ihr Maul: aus ihren schrecklichen Kiefern trieft ein schwarzer Schaum wie Tabaksaft. Aber schon hältst du sie nicht mehr. Die Hüpfwut hat sie von neuem erfaßt. Das grüne Ungeheuer entwischt dir mit jähem Sprung und lässt, brüchig und zerlegbar, wie es ist, einen kleinen Schenkel in deiner Hand zurück.“

Manche der hier abgedruckten Textteile habe ich, zumeist gekürzt oder überarbeitet, früheren Veröffentlichungen entnommen. Andere habe ich in der letzten Zeit geschrieben. Auf Quellenangaben wurde bewusst verzichtet. Es ist kein wissenschaftliches Buch. Bezüglich Jeremy Bentham sei auf Christian Welzbachers *Der radikale Narr des Kapitals* (Matthes & Seitz, Berlin 2011) verwiesen. Stanka Hrasteljs Gedicht *obwohl wir beide bier lieben*, aus dem Slowenischen übersetzt von Daniela Kocmut, ist dem Band *Anatomie im Zimmer* (Edition Korrespondenzen, Wien 2013) entnommen. Ich danke dem Verlag für die Abdruckerlaubnis.

Weitere Bücher in der Reihe Limbus Essay

Gerhard Engelmayer
Warum man seine Kinder nicht taufen lassen sollte. Essay
120 Seiten. Gebunden mit Lesebändchen
ISBN 978-3-99039-008-5

Aus welchem Grund pflegen wir das mittelalterliche Ritual der Zwangstaufe bei unseren Kindern? Warum lassen wir sie nicht selbst wählen, wenn sie jene mündigen Erwachsenen geworden sind, zu denen wir eigentlich den Auftrag haben sie zu erziehen? Wie muss eine Erziehung aussehen, die den Erkenntnissen der Aufklärung Genüge leistet? Mit einem Vorwort von Günther Paal alias Gunkl.

Rainer Juriatti
Spaghettifresser. Essay
104 Seiten. Gebunden mit Lesebändchen
ISBN 978-3-99039-010-8

Migration ist keine nur heutige Erscheinung. Juriatti erzählt in seinem Essay von Menschen, die eine neue Heimat suchen (müssen). Die nicht willkommen sind. Die sich durchschlagen. Die vielleicht ihr Glück finden. Vielleicht auch nicht. Eindringlich, engagiert und aufrüttelnd!

Alexandra Keller
Ein Land wird besichtigt. Essay
112 Seiten. Gebunden mit Lesebändchen
ISBN 978-3-902534-66-8

Tirol, dieses Land der Gegensätze, offenbart nicht gern, was es im Innersten zusammenhält. Zwischen atemberaubender Schönheit und atemberaubenden Skandalen tummeln sich Gemeinschaften, Seilschaften und Jagdgesellschaften. Aber was bewegt das Land wirklich – vor allem in Wahlzeiten? Alexandra Keller reist durchs Land, beleuchtet die Hintergründe und klopft die doppelten Böden ab.

Reinhard Kocznar
Hamster im Laufrad. Essay
128 Seiten. Gebunden mit Lesebändchen
ISBN 978-3-902534-92-7

Willkommen im Copyshop des 21. Jahrhunderts
Wir leben in einer Welt, in der vom Hundefutter bis zur Normnudel alles reglementiert ist. Wir sind die Ersten, die es geschafft haben, den Frieden teurer zu machen als den Krieg. In nur einer Generation wurden Rechte aufgegeben, die in Jahrhunderten erkämpft wurden. Was geht dabei verloren?

Günther Oberhollenzer
Von der Liebe zur Kunst. Essay
176 Seiten. Gebunden mit Lesebändchen
ISBN 978-3-99039-036-8

Kann man Kunst verstehen? Was ist überhaupt Kunst? Wie kann man sie vermitteln? Und was macht eigentlich ein Kurator? Günther Oberhollenzer stellt sich grundlegende Fragen der Kunst und geht der weit verbreiteten Meinung auf den Grund, nach der die zeitgenössische Kunst als schwierig, abgehoben und elitär wahrgenommen wird – ein Plädoyer für mehr Subjektivität, Leidenschaft und Emotion im Umgang mit zeitgenössischer Kunst, aber auch für das Wiederentdecken der Neugierde und für den Mut, neue Erkenntnisse in unser Leben zu lassen.

Hans Platzgumer / Didi Neidhart
Musik ist Müll. Essay
128 Seiten. Gebunden mit Lesebändchen
ISBN 978-3-902534-65-1

Die Abgründe der Popmusik
Von schrottiger und guter und der heute üblichen Abwertung aller Musik wissen die Co-Autoren versiert zu berichten. Sie kennen und belichten den an seiner Digitalisierung gescheiterten Musikmarkt und dessen Abgründe sehr genau. Genussvoll analysieren sie am Beispiel eines Generationenkonflikts den Müllstatus, den Popmusik heute eingenommen hat.

Susanne Preglau (Hg.)
Ani. Essay eines Lebens
104 Seiten. Gebunden mit Lesebändchen
ISBN 978-3-902534-68-2

Ani kommt 1971 mit 16 Jahren allein aus Bosnien nach Österreich, ein Ziel klar vor Augen: dem Elend und der Armut zu entkommen. Susanne Preglau zeichnet Anis Leben nach – eine Biografie stellvertretend für die der vielen Menschen, die als Gastarbeiter oder Flüchtlinge nach Österreich kommen und ein Leben lang mit schweren Traumatisierungen zu kämpfen haben, denn freiwillig verlässt keiner seine Heimat.

Alois Schöpf
Glücklich durch Gehen. Essay
104 Seiten. Gebunden mit Lesebändchen
ISBN 978-3-902534-64-4

Glücklich durch Gehen beschreibt das Bergwandern als wissenschaftlich abgesicherte Methode, die geistige und körperliche Gesundheit zu erhalten und das Wohlbefinden und äußere Erscheinungsbild zu verbessern. Alois Schöpf verweist in seinem amüsanten Essay auf die Tugend des richtigen Maßes und liefert als traditioneller Nicht-Geher ein überzeugendes Bekenntnis zur Heilkraft des Gehens ab.

Alois Schöpf
Wenn Dichter nehmen. Über das Vorlass-Kartell. Essay
152 Seiten. Gebunden mit Lesebändchen
ISBN 978-3-902534-99-6

Trotz angeblich immer dürftiger fließender Subventionen aus öffentlichen Haushalten wurde der Verkauf von Nachlässen zu Lebzeiten von Autoren ein florierendes Geschäft. Im Zusammenspiel von Politikern in Geberlaune, Gutachtern, die sich gegenseitig bedienen, und Bibliotheken auf der Suche nach Bedeutung werden unter dem Begriff „Vorlass" Millionenbeträge an Dichter verschoben, die es sich an den demokratischen Höfen bestens eingerichtet haben.